書院

《行远之道》编委会

主　编：钱致榕

副主编：修　斌　蒋秋飚

编　委：申国菊　杨瑗菱　郭香莲
　　　　席　静　曹慧秋　路　越

行远之道
——中国海洋大学『行远讲座』实录（第一辑）

钱致榕 主编

图书在版编目(CIP)数据

行远之道:中国海洋大学"行远讲座"实录.第一辑/钱致榕主编.—青岛:中国海洋大学出版社,2016.12
 ISBN 978-7-5670-1314-8

Ⅰ.①行… Ⅱ.①钱… Ⅲ.①高等学校—思想政治教育—中国—文集 Ⅳ.① G641-53

中国版本图书馆 CIP 数据核字(2016)第 289980 号

出版发行	中国海洋大学出版社
社　　址	青岛市香港东路23号　　邮政编码　266071
出 版 人	杨立敏
网　　址	http://www.ouc-press.com
订购电话	0532-82032573（传真）
责任编辑	王　晓
电　　话	0532-85901092
印　　制	青岛国彩印刷有限公司
版　　次	2017年1月第1版
印　　次	2017年1月第1次印刷
成品尺寸	166mm × 240mm
印　　张	12.25
字　　数	168千
定　　价	39.00元

如发现印装质量问题，请致电0532-88183078，由印刷厂负责调换。

序

"通识教育为体,专业教育为用"是中国海洋大学的本科教育理念。这个理念表明,我们认识到现实世界和知识世界是完整统一的整体,人类认知世界的方式并不会简单地以专业为划分单位,专业设置的初衷主要是为了汲取知识的便捷,而不是人为地设置不同领域的界限。通识教育强调接受知识的广博,其中包含"海不择细流,故能成其大"的博大胸怀和独立思考、不断反思的认知态度。通识教育强调全面发展人的理性、心智以探究真理,而不是为了谋生或从事某种职业做准备,它是学生进行任何专业学习的一个准备。

自2003年9月开始,中国海洋大学启动了本科教学运行新体系的改革,先后建立了通识教育与专业教育相渗透的课程体系,实行了"有限条件下的自主选课制"和"学生学业识别与毕业专业识别确认制"等系列教学运行制度。应当说,中国海洋大学对"通识教育为体,专业教育为用"本科教育理念十余年的探索和实践取得了很好的成效,它不仅强化了大学教育促进人的全面发展的价值,同时也增强了大学本科教育对社会的整体适应性以及学生个体的自适应性。

为进一步推进我校本科教育改革,深化通识教育教学,促进通识教育与专业教育的有机融合,培养面向未来、文理兼备、关怀社会的复合型人才,学校在充分调研的基础上,于2015年5月成立行远书院,并有幸聘请到美国约翰·霍普金斯大学教授、香港科技大学创校学术副校长、台湾政治大学博雅书院总导师钱致榕先生担任行远书院首任院长。

根据将行远书院建设成为"学校教学改革的特区、通识教育示范区"的目标,本着"课程要一门一门地建设起来,人才要一个一个地培养出来"的原则,行远书院从现代社会人才的需要出发,积极着手核心课程建设,发展出一系列"宽口径、融古今、通中外"的课程,培养文理兼备、独立思考的人才。希望通过这些核心课程的学习,特别是通过深入地研读资料和不断地讨论反思，青年学子既有宏观见解又有解决微观问题的能力，逐步迈向"既能登高望远，又能探幽入微"的境界，帮助他们形成终身学习的能力和习惯，以应对瞬息万变的未来。

除了开设核心课程，作为行远书院教学活动的另一个重要组成部分，行远讲座也在钱致榕先生的精心策划下开展起来了。行远讲座邀请治学有成的海内外学者大家以及各领域的有识之士为师生讲学传道，交流思想，启迪智慧。慕名而来的听众不仅有学校的师生和已毕业的校友，甚至也吸引了不少校外人士。从这个意义上说，行远讲座不仅为学校师生提供了一个思想交流碰撞的平台，同时也创造了本校特有的校园文化和开放的通识教育品格。自2015年9月行远讲座第一讲开始以来，至今已举办了五讲。我们有幸先后邀请到我国台湾大学教授、台湾"中央研究院"院士朱云汉先生，中国社会科学院荣誉学部委员、中国社科院美国研究所原所长资中筠教授，中国社会科学院夏商周考古研究室主任许宏教授，以及美国航空航天总署（NASA）前首席科学家黄锷教授四位海内外知名大家前来讲演。2016年4月，钱致榕院长先生亲自携书院五名同学一起为学校师生做了"博雅——海大的行远之路"的报告，展示了书院开办一年来的成效，特别是青年学子的成长，至此形成行远讲座全五讲的内容。我们将这五讲内容汇编成《行远之道——中国海洋大学"行远讲座"实录（第一辑）》，以便那些不克前来的师生同仁也能从本书中得到启迪和激励。

中国海洋大学的校训是"海纳百川，取则行远"，行远讲座的创办主旨正与此相契合。期待各位读者以宽阔的胸襟、辩证的眼光、独立的思考来汲取讲座中的思想精华，也期待对书中的谬误提出批评指正。

我要特别感谢拨冗莅临本校讲演的诸位主讲人，尤其是他们慷慨地将讲演的真知灼见以文字的形式与大家分享。我还要感谢支持行远讲座以及参与本书采编工作的各位老师和同学，感谢你们对中国海洋大学通识教育所付出的心力。

是为序。

中国海洋大学校长

2016年10月3日

前言

大学的目的是培养能够解决社会未来问题的人才,长期以来,有识之士都知道目前的专业教育不能满足这一任务,开始提倡通识教育,企图弥补专业教育之不足,以培养文理兼备的未来社会栋梁之材。但是由于各种原因,未能达到期望的目标。过去卅多年,海峡两岸已经开过的一两百万门通识课中,达到既博又雅的标准的课程寥寥可数。

中国海洋大学对通识教育相当重视,践行"通识为体,专业为用"的通识教育理念,以培养面向未来社会,文理兼备、关怀社会的复合型人才。所不同的是,海大决心做新的尝试,以成立"特区"的方式,用实际行动推动通识教育再起步。2015年5月,行远书院有幸在这个契机下成立,成为学校通识教育的实验区和本科教育改革的"特区"。以校训"海纳百川,取则行远"为书院命名,寄寓着通智卓识、行稳致远的期许。

作为海大教学改革及人才培育的实验"特区",行远书院同时从课程内容和生活自治两方面进行人才培养的改革。一年半来,书院已开出六门跨越学科及时空的博雅课程:大学之道,日常物理,中国文化传统,世界文明史,数学天文与物理,以及全球化。今年将继续开出第七门及第八门博雅课程:大海洋及宇宙大历史。这八门课程构成一个知识体系,透过广博的视野及严谨的内容,提供学生宽阔的知识背景及培养学生思维的能力。同时,通过学生生活的自治,磨炼学生解决问题的能力。

大学者,非谓有大楼之谓也,有大师及青年弟子从事大人之学之谓也。既然立志做大人,自然应该建立自我期许,并且发展宽阔的视野,因为视野决定格局,格局决定未来。行远书院定期举办行远讲座,希望通过邀请各个领域的名家大师讲学传道,为书院乃至全校的广大师生,提供一个开拓视野、启迪智能的平台,引导和激励同学们在学习与反思中发掘自我、鉴往知来、融会中西、兼备文理,充分汲取人类文明成果,进而助力学生成长,造福个人和社会。

在2015~2016学年中,我们先后邀请了四位海内外知名学者为行远讲座开讲:台湾大学政治系教授、台湾"中央研究院"院士朱云汉在《中国如何重塑全球秩序》中以大历史观审视中国兴起的世界历史意义;资深翻译家、中国社科院美国研究所原所长资中筠在《启蒙与爱国》中以独特的视角再现"启蒙"与"爱国"的深层内涵;中国社会科学院夏商周考古研究室主任许宏在《考古学视角下的"中国"诞生史》中从学术视角破译无字地书,寻根问祖,解答何以"中国";美国航空航天总署(NASA)前首席科学家、美国国家工程研究院院士黄锷在《地球气候史》中从广袤的数据之海中发掘其背后隐藏的事实,从古气候史切入,研究1亿年来的地球温度的变化。最后,我与行远书院的五位同学为海大师生做的关于行远书院成立一周年实践博雅理念的全校报告《博雅——海大的行远之路》,合计共五讲,现在汇集成册,形成《行远之道——中国海洋大学"行远讲座"实录(第一辑)》。

在全球化的冲击之下,我们正处于一个历史的转折点。我们一方面要究天人之际,察古今之变,以宏观的视野分析当代的问题;另一方面也要为个人、为社会找出一条持续发展的道路。编辑这本行远讲座演讲实录,既是为了交流学习,也是为了沉潜领悟。这是一个开始,也希望它能成为一个传承的起点。

希望本书的读者,皆能透过讲者的思想的分享和碰撞,看到更多的风景和更远的未来。行远讲座的顺利举行有赖于志刚校长、李巍然、李华军、陈锐等诸位副校长的支持,主讲人和书院同仁的共同合作,以及书院师生的群策群力,于校长还特地为文集作序。在本书出版之际,向诸位致谢!

行远书院院长 钱致榕
2016年10月

目录

第一讲
朱云汉：中国如何重塑全球秩序
001

第二讲
资中筠：启蒙与爱国
036

第三讲
钱致榕：博雅——海大的行远之路
062

第四讲
许宏：考古学视角下的"中国"诞生史
111

第五讲
黄锷：地球气候史
148

第一讲
中国如何重塑全球秩序

主讲人：朱云汉
时间：2015年9月24日

朱云汉简介

朱云汉，台湾大学政治系教授，台湾"中央研究院"政治学研究所特聘研究员，是中国台湾地区最具国际声望的政治学者之一。于2012年7月当选台湾"中央研究院"院士，系1949年以来该院政治学这门学科的第二位院士，另一位是胡佛院士。1977年毕业于台湾大学政治系，1979年获台湾大学政治学硕士学位，1987年获美国明尼苏达大学政治学博士学位。研究专长为东亚政治经济、国际政治经济、两岸关系、民主化以及社会科学方法论，其研究成果具有广泛影响。

2015年6月被聘为北京大学"大学堂"顶尖学者，目前还担任复旦大学社会科学高等研究院学术顾问委员会委员，香港中文大学中国文化研究所咨询委员，新加坡教育部社会科学审议委员，台湾教育主管部门学术审议委员会政治学门召集人。

讲座纲要

当前人类社会正处于一个数百年难遇的"巨变时代"，面对四重历史趋势的反转，以大历史观审视中国兴起的世界历史意义；展望中国崛起将如何撼动当前全球秩序和西方话语权，中国的发展模式将如何影响人类社会的未来，进而激发非西方世界的"文化自觉"；思考人类如何面对西方势力衰落，如何在合作的基础上重新构建一个"休戚与共"及"和而不同"的全球新秩序。

主持人致辞

主持人（于志刚校长）：尊敬的钱致榕先生、朱云汉先生，老师们、同学们，2015年的5月14日，学校经过多次研究论证，正式成立了行远书院，目标是要深化我们学校"通识教育为体，专业教育为用"的本科教育教学理念，培养文理兼备、关怀社会的复合型人才。行远书院成立之后，我们非常荣幸地聘请到钱致榕先生担任学校顾问、特聘讲席教授、行远书院院长。钱先生欣然应聘，并在这里做了题为"行远之道"的演讲。

从行远书院成立至今，不足半年的时间内，书院的各项工作在大家的努力下，特别是在钱先生的带领下，有条不紊、扎扎实实地推进。我们在暑期召集了第零期同学进行集中培训。前不久，第一期招生工作也已进行完毕。在整个运作设计过程中，我们体会到钱先生对行远书院的建设有着非常长远的考虑，其中"行远讲座"就是钱先生谋划的行远书院工作中的一个重要项目。开办"行远讲座"，目的主要是通过邀请社会各界，特别是学界的重要学者和大师来校做讲演，为书院的师生，乃至于全校的师生，提供一个交流平台，开阔视野，交流思想，启迪智慧，引导和激励学生在学习和反思中发掘自我、鉴知未来、融会中西、兼备文理、汲取优秀文明成果，帮助学生成长成才，最终希望各位能有所成就、造福社会、造福人类。

钱先生对"行远讲座"的第一讲非常重视，经过反复考虑，最后确定亲自邀请著名政治经济学家朱云汉先生做开篇第一讲。朱云汉先生十分愉快地接受了邀请，特意安排了此次山东之行。对此，我们感到非常荣幸。我提议，让我们以热烈的掌声衷心地感谢朱云汉先生！

朱先生长期致力于国际政治经济、东亚政治经济、两岸关系等领域的研究，学术和社会影响很大。特别是2015年1月出版的一部著作——《高思在云》，在海峡两岸引起了广泛的关注和强烈的反响。这部书的中文简体版也于2015年9月由中国人民大学出版社出版发行，《人民日报》和人民网等媒体用很大篇幅进行了专题报道。我相信在座的各位一定有曾经读过这本书的，或者至少关注过关于这部书的书评。

这里有个小插曲，2015年早些时候，我们几位同事到台湾政治大学访问，在政大的一个小书店中，把书架上剩余的几本《高思在云》繁体版全部买回，我有幸也得到了一本。一口气读完后，我立即询问我们学校出版社杨社长，是否能出版简体版。钱先生亲自帮忙联系，可惜晚了一步，中国人民大学已经确定要出版了。这本书9月份已经公开出版，大家可以去购买和阅读。我想这本书会对大家非常有启迪。

今天朱教授的讲座题为"中国如何重塑全球秩序"，这是在中国和平崛起、世界风云剧变的历史大背景下一个极为重要的课题。欢迎朱先生开始讲演。

讲座实录

朱云汉：于校长、钱院长，各位老师、各位同学，大家好！非常高兴有这个机会来到青岛，来到中国海洋大学，而且特别荣幸受邀担任"行远讲座"第一讲的主讲人，我知道在我之后还有很多更有声望、更有地位的学者要陆续开讲，所以今天只是抛砖引玉。

前天来到青岛，我第一次真正有机会考察这个城市，也是第一次踏入中国海洋大学的校园。我刚才跟于校长说我有两个感想：对于青岛，我相见恨晚，早就应该来好好体会这个城市；对于中国海洋大学，我孤陋寡闻，钱院长和我联系时，我对海大并没有太深的印象，最近看了很多关于海大的资料，印象非常深刻。所以，我今天也非常高兴有机会来这里跟各位做学术报告，同时也希望借这个机会跟各位同学交流。

我今天讲的这个题目非常大，也可以说天马行空。也许是人如其名吧，我这个名字就是一个虚无缥缈的名字，所以我想今天要探讨的问题就有可能在云雾之间。这个题目是我这几年一直在思考的一个大的课题，我觉得这个问题要不断地探索，而且要跟很多人一起探索。因为中国的兴起——或者我把它称为"中国的再兴"，是人类历史上一件非常非常重大的事件，它不仅影响着13亿人的福祉，更影响着全人类未来的发展。

在演讲开始前，我想先给各位讲一个刚刚发生不久的故事。我们都知道习主席现在正在美国进行国事访问,按计划,今天稍晚时,就会跟美国总统奥巴马正式会谈。在此之前,7月份奥巴马访问了两个东非国家:一个是肯尼亚,一个是埃塞俄比亚。这是他在任内第一次访问这两个东非国家,实际上过去也没有美国总统在任期内访问过这两个国家。毕竟世界上有180多个国家,对美国来说,这两个国家的分量并不是非常重的。不过在这几年,尤其这15年,非洲的发展势头令人刮目相看。在拥有11亿人口的非洲大陆,在未来可预见的30年到40年中,这种后势可能会非常非常惊人。所以这几年,美国的外交决策者把非洲当作一个在外交方面需要补课的重点。此外,奥巴马本人有比较特殊的家庭背景:他的生父来自肯尼亚,所以他在任内特别安排了这次出访。他第一站到了肯尼亚的首都内罗毕——东非一个很重要的都会。值得注意的是,奥巴马"空军一号"专机降落的机场刚刚扩建不久,其跑道实际上是由安徽的一家公司承包修建的。稍微关注一下肯尼亚的发展就会知道,当地正在进行一个非常重大的公共建设项目——一个新的运输大通道。这个通道对东非的发展会产生非常深远的影响。它会贯穿五个国家,包括南苏丹、乌干达、卢旺达、布隆迪,最后到达肯尼亚的一个重要出海港——蒙巴萨。这将是东非一条重要的交通动脉。

这条跨国铁路之所以能够兴建,是因为中国方面提供了36亿美元的贷款,并由中铁建设集团承建。英国的媒体有过这样一个报道:奥巴马来到东非这两个国家,他经过的每一座机场,他的车队经过的每一条马路,他发表演讲的每一栋大楼,其实都能看到中国的影子。李克强总理曾在2014年出访非洲,访问肯尼亚,见证东非跨五国铁路融资案和兴建合作方案签字仪式。这对东非来说是一件大事。

奥巴马访问的第二站是埃塞俄比亚的首都亚的斯亚贝巴,同时也是非洲联盟的总部。非洲联盟是非洲54个国家组成的一个类似欧盟的国际组织。奥巴马第一次在这里发表了重要演讲。他应该也会有所感触,因为这个总部是由中国兴建、捐赠给非盟的。2014年5月份,第24届世界经济论坛在这里举行了一个高峰会议,李克强发表了重要的政策演说。可以说，奥巴马到非洲的每一步，都落在中国后面；而且中国对当地发展的影响是全面性的，甚至可以说是翻天覆地的。非盟总部旁边正在兴建的一个很大的复合建筑体，将来会变成东非第一高楼，也会变成埃塞俄比亚商业大楼的新总部。负责兴建这栋复合建筑体的单位叫中国建设集团，它也负责兴建了非盟总部，是中国一个重要的、在海外有非常多工程的跨国企业。

我们经常说"一叶知秋"，从这个小故事就可以看出，中国的兴起对全世界来说，将带来、已经带来，而且也继续要带来翻天覆地的影响。如果我们看一些比较硬的数字就会更加清楚：在20年前，中国跟非洲的贸易额非常小，大概只有50亿美元；但在短短20年中，到2014年，双边贸易额已经达到了2220亿美元。这个规模是美国与非洲贸易额的近3倍，是一个非常强烈的对比（图1）。所以我要跟各位老师，特别是跟各位同学，可以说是恭贺、祝福，也可以说是叮咛：各位生逢其时，你们正在见证、也正亲自参与一场数百年不遇的历史巨变，而且在历史巨变的过程中，中国本身的发展就是其中一个主轴。虽然它不是唯一的主轴，但却是一个重要的主轴。将中国放在全世界的视野之下，它最大的意义是全面拉抬、带动，也可以说是相互牵引着整个非西方世界的全面崛起。我们这里所讲的"西方"实际上很具体，主要是指西欧、美国、加拿大、新西兰和澳大利亚，它们是西方文明的核心集团。西方以外的世界，在人类过去

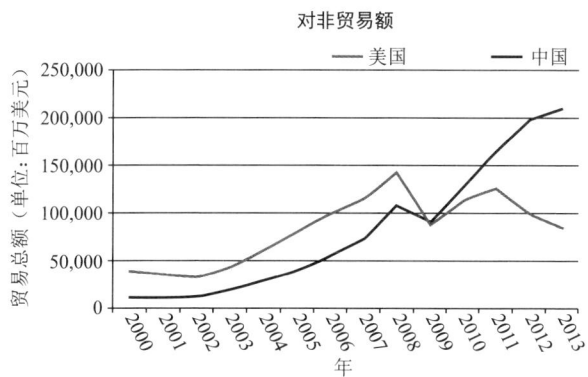

图1　2014年中国与非洲贸易总额高达2220亿美元，是美国与非洲贸易额的近3倍

300年的历史上都是配角,经常受欺凌、受压制。但到了第二次世界大战后,尤其是从20世纪60年代开始,非西方世界就已经陆陆续续像雨后春笋般走上了快速工业化的道路。一开始这种工业化覆盖面非常小,仅在东亚的范围内比较明显,但是现在已经变成全球性的现象。中国的兴起是一个巨大的牵引力量,能够拉抬整个非西方世界全面崛起。

这个变化,我在最近写的一些文章中反复提到。我认为这个变化会让我们在21世纪目睹一个全球秩序的全面重组。也就是说,我们过去非常习惯的20世纪的很多历史坐标,很多视为理所当然的结构和秩序安排,都可能会出现非常剧烈的变动。在这个过程中,我相信各位,尤其是年轻的一辈,都还有机会在你们未来的50年、60年的生涯之中参与其中。过去这段时间里,20世纪我们非常熟悉的历史坐标已经都反转了,过去认为理所当然或者不可逆转的,实际上都出现了转折。

我在《高思在云》中,特别提炼出四个非常重要的发展趋势,我把它们称为"趋势的转折"。过去都认为这个趋势无可逆转、理所当然,但是现在都出现了逆转;即使不是逆转,也是出现了巨大的困境。

第一,美国主导的霸权体系的根基出现了明显松动,而且看起来难以维系;第二,从20世纪70年代中期开始风起云涌的"第三波民主"(美国哈佛大学塞缪尔·P·亨廷顿教授观点),进入21世纪以后出现了明显的退潮;第三,我把它称为"资本主义全球化面临空前的困境和危机",也就是说美国和英国,也可以说西方国家在第二次世界大战后所打造的,自由主义意识形态主导的,鼓励私人企业全面提供最自由、最开放、最无障碍的市场活动空间的经济秩序,现在正面临着空前的危机,尤其从2008年、2009年之后,这个危机在不断地深化;第四,是我们过去最熟悉的西方中心的世界,或者说西方国家所主导的世界秩序,已经逐渐出现颓势,且要步入长期的衰退过程,即将面对由非西方世界崛起后的崭新局面。这种反转是最重要、最全面,也是最具根本性的。趋势的转折会发展出什么样的全球政治经济新秩序,我们还要继续探索。因为在这个过程中,中国将扮演什么角色、提出什么主张、发挥什么作用,本身就是一个非常重要的变量。

整体而言,我刚才讲这四个历史趋势的反转,从另外一方面反映出一个共同的因素——它们都跟中国的兴起相关。所以我也特别要勉励各位同学:面对这样一个新的形势,中国大陆知识界、高校等对自己所即将发挥的作用、所做的知识准备都是不足的,甚至可以说严重不足,所以我们都需要补课,都需要加紧进行知识准备。

在21世纪,作为一个中国的知识分子,最重要的功课就是要深入了解和探索中国再兴的历史内涵,尤其是对下面三个问题的探索。

第一,中国的兴起如何撼动美国霸权地位并带动全球政治经济秩序的重组。

第二,如何重塑全球化的方向、动力、路径与游戏规则。过去美国所主导的全球化的游戏规则不是唯一的,其实人类在更早的时候,也有过类似的全球化过程。例如在中国唐朝,长安是当时世界最大的都会,东西方的文化、商贸、宗教都在长安聚汇、交流。这是一个循环的过程,在不同的时代、不同的时期有不同的面貌,遵循着不同的机制,在不同的政治指导原则下进行。中国的兴起,也必然会对全球化产生一种新的推动力量。

第三个课题我认为同样重要,就是中国不能独善其身,而应该与众多的非西方国家、欠发达国家共同探索可持续发展的道路。那么如何扮演好这个角色,如何引领非西方世界全面崛起,来共同打造一个更合理、更公正的全球秩序呢?我想这应该是当代中国知识分子无可推卸的责任。所以我认为,最终应该思考的是如何为人类建设一个更和平、更公正、更包容与可持续的全球秩序,不是通过激进的或社会代价高昂的冲撞,而是稳健地带领这个世界告别以西方为中心的旧秩序。这是我今天演讲的最重要的出发点。

为了印证我所说的"中国的兴起已经对全球的政治经济格局产生全面而深刻的影响,而且已经在重新塑造这个秩序",我将举几个例子说明。

2014年发生的几个事件,在50年以后、100年以后历史学家写21世纪历史时都会提到,而且都会认为这是历史的分水岭。它们不约而同都在甲午年发生,而且影响都非常深远,我把这称之为"甲午年第一惊奇"——如果按照购买力等值来计算经济规模,中国在2014年10月份的时候已超过美国,成为世界第一大经济体。购买力等值本身是一个非常重要,而且更接近真实经济规模的计算方法,这个估计是根据国际货币基金组织公布的数据得出的。如果用名目GDP来计算的话,中国还没有实现超越,与美国大概是11万亿与17万亿美元之间的差距,但中国大概会在2025年前后,甚至更早一点,变成第一大经济体。

各位正在见证,也正在参与一个百年不遇的历史巨变——全世界第二大经济体追赶上第一大经济体(图2)。这样的历史事件在过去不到两百年的时间中,严格说起来,只出现过三次。第一次是大英帝国追赶上中国。中国以前一向是世界第一大经济体,在清朝道光年间之前都是,在嘉庆年间更是。在嘉庆时期,中国这一经济体占全球的经济份额大概是1/3,随后开始慢慢走下坡路,同时西方国家经济份额迅速增长。尤其像英国,在吞并了众多殖民地后,变成"日不落帝国"。英国就是在道光年间赶上中国、经济总体量超过中国的。第二次是在1910年和1920年之间,美国后来居上,工业化加速,全面发展,快速崛起。美国的综合国力、经济体量,在第一次世界大战前后一举超越大英帝国,这是另一个历史分水岭。第三次就是我们刚才所讲的,去年中国实质的经济体量超越美国,这是在人类历史上不常有的重要的历史分水岭。

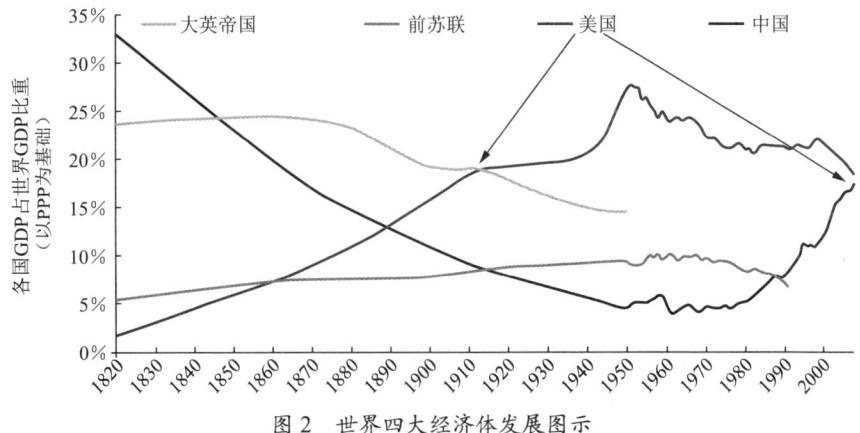

图2 世界四大经济体发展图示

2014年另外一个非常重要的事件就是扮演非西方世界领头羊角色的五个国家举办了"金砖五国"峰会。"金砖五国"作为一个具有政策协商机制的组织,成立非常晚,而且一开始是"金砖四国",后来邀请南非加入,成为五国。原来西方国家完全不看好所谓的"金砖四国"、五国,认为这是一群乌合之众,而且彼此之间钩心斗角、矛盾很多,认为它不能成就任何事情。但是很少人可以预料到,"金砖"国家在短短五年中实现了实体化。它不只是大家见面交换意见的地方,而是要建立新的合作机制。合作的第一步就是建立"金砖"国家开发银行,这个架构在去年的巴西峰会上确定下来。此外,"金砖五国"已经确定"金砖"银行总部设在上海,第一任总裁由印度人士出任。这个架构的确定,实际上也是第二次世界大战后70年来非常具有象征意义的历史分水岭:非西方国家能够在金融领域、在西方国家势力范围之外,建立自己的多边合作机制。

我想2014年对中国也好,对全世界也好,另外一个非常重要的事件就是倡议了好几年的"一带一路"大战略,终于在2014年有了非常清晰的架构,各种配套机制陆续正式启动。首先是丝路基金,已于2014年正式挂牌;另一个更受重视的是亚洲基础设施投资银行,也于2014年正式成立。这个投资银行刚发起时,西方媒体并不看好,但是风云际会,情势在2015年3月、4月之间急转直下——英国第一个"背叛"美国,表态作为发起会员国参加亚洲基础设施投资银行。五天后,法国、德国、意大利也不约而同地宣布作为创始会员国参加亚投行。这对美国来说是一个晴天霹雳——万万没有想到,西欧四个最坚定、最安全的盟友,都不顾美国的反对参与亚投行(图3)。在2015年的3月底申请截止时,已经有57个国家表态作为创始会员国参与亚投行。美国前任财政部部长、做过哈佛大学校长的劳伦斯·萨默斯在《金融时报》上写了一段评论,他非常感慨地说:此时此刻,亚投行不但顺利启动,而且带来那么强劲的一股风潮,这是美国失去全球经济体系责任承担人地位的历史时刻。也有人认为这是在第二次世界大战后布雷顿森林金融货币体系确立之后,美国第一次没有被邀请参与的且由一个非西方国家带领成立的多边融资机构。对于 21 世纪全球秩序的重组来说,这只是一个起跑,它的影响会非常深远。

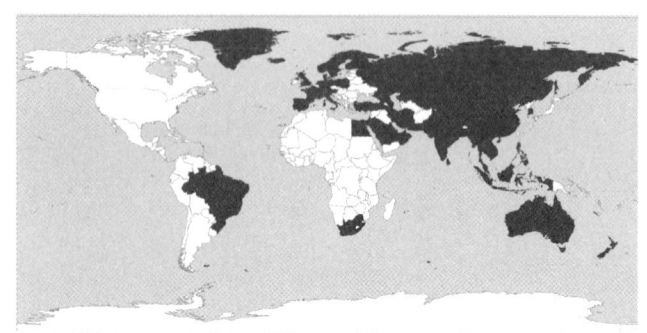

图 3　亚投行创始会员国达到 57 个

去年发生的大事还有一个——APEC 高峰会议在北京举行。在此之前,奥巴马、习近平举行了双边高峰会,在几个重大议题上取得巨大进展和突破,让人惊喜。这个突破就是,美国在会上不再坚持推动自己主导的跨太平洋的经济伙伴协议。美国原本不愿意让更大范围的、包括中国在内的 APEC 成为另外一个自由贸易协定的板块。不过美国发现,在 APEC 成员中,自由贸易协定愿望非常普遍,如果强烈反对,美国会变得非常孤单,所以在最后一刻顺水推舟,表示赞同。习近平也在 2014 年 APEC 的开幕式上郑重宣布启动协商进程,希望在 20 年之内,甚至 15 年之内能够落实这个愿景。这对全世界贸易自由化来说,是一个非常重要的历史跨越。

2014 年,中美两个温室气体排放大国,针对控制温室气体排放、减碳等问题达成一揽子协议,也是非常重要的事件。我们知道"后京都议定书"时代,各国家在过去十几年一直处于胶着状态,很多人寄望 2009 年能够签署全球气候变迁的新协议。但是事与愿违,因为发达国家跟发展中国家在很多基本的理念和游戏规则上有非常多的歧见。更重要的是,中国跟美国这两个最大的排放国,过去都没有在这个问题上做出明确的政策承诺。2014 年,这个问题出现了峰回路转的变化——这两个举足轻重的国家达成了一个历史性协议,使得今年11月要在巴黎举行的新一轮全球气候变迁协议的谈判露出一线曙光。从这个例子也可以看出,在当前的世界中,中国跟美国如果在全球性议题上相互掣肘的话,那么就事倍功半;相反,这两个国家如果能够合作,达成协议,就是事半功倍。

2014年还有一个很重要的历史事件,国内媒体、西方媒体其实都没有给予足够的重视,但是我认为它的影响非常深远,我把它称之为"亚洲安全秩序重组"。2014年这个事件正式揭开序幕——上海经济合作组织的峰会正式通过了接纳新会员的程序。这个决议其实就是为周边几个重要国家参与上海合作组织铺路。在今年刚刚举行不久的乌法峰会上,在上海合作组织峰会和"金砖五国"峰会同步举行的过程中,印度和巴基斯坦正式申请加入上海合作组织。未来有可能而且有意愿参与亚洲经济安全合作组织的还包括阿富汗、蒙古和伊朗。这意味着什么呢?各位看这个地图(图4)就知道:我们传统上所讲的北大西洋公约组织,是过去全世界公认的最强、影响力最大的安全合作组织,一个共

图4　上海合作组织成员国与观察员分布图

同防御协议。但是如果上海合作组织将来能将印度、巴基斯坦、蒙古和伊朗等国纳入其中,就会变成全世界覆盖人口最多、土地最广、综合国力后势看涨的、举足轻重的新全球性安全组织。这个组织如果能够逐渐地深化在安全领域的合作,也必定可以为中国"一带一路"的大战略奠定非常坚固的政治基础。我们知道,没有政治基础,经济合作实际上会非常脆弱。

2014年另一个特别值得一提的大事，同样也是一个历史分水岭事件，就是中国对外投资资金的规模首度追赶上引进外资的规模，确切地说是两者相当，都在1200亿美元左右。也就是说从2014年开始，中国首次成为一个资本净出口国。中国过去通过招商引资，大量吸引外资，但从去年开始，它变成一个重要的世界性投资来源国。中国的投资范围不仅包括矿产能源、房地产，而且将逐渐进入所有重要行业，包括建立商贸据点、收购各种先进企业的核心技术、设立海外生产基地等。这将给中国周边地区，如东南亚、南亚，带来巨大的影响。

上述几件2014年发生的事情，都是具有历史分水岭意义的大事。我可以跟各位担保：各位在未来的10年、20年中会目不暇接，因为一系列影响深远的事件将不断发生。我常说，我们只是在见证这场历史巨变的初级阶段，这只是开端。中国过去35年快速全面的经济发展，带动了非西方国家的全面崛起，在全球经济体系中扮演着越来越重要的角色，这已经让西方国家喘不过气来了。西方国家习惯了自己是世界的主人，或者至少是全球事务最终的决策者。它们是每一个世界议题游戏规则的制定者，但是这个地位已经面临严峻的挑战，而且在不久之后必然要适应与非西方国家平起平坐的新局面。

我们看出，西方国家的媒体对于中国的快速发展，是带着一种焦虑，或嘲讽，或调侃的意味的。但是大家要慢慢习惯这些，因为中国的兴起、非西方国家的崛起已经把很多西方国家的人搅得辗转难眠，他们非常不习惯、也不适应这种新的变化。

或许我们可以从一个更宽阔的角度来看待中国的兴起。我个人一个大胆的看法是，过去300年的历史中，只有四个历史事件的重要性可以和中国的振兴相比拟：一是18世纪的英国工业革命，二是1789年的法国大革命，三是1917年的俄国革命，四是19世纪末到20世纪初美国的崛起。头两个事件可以说塑造了19世纪的世界格局，后两个事件基本上塑造了20世纪的世界格局。所以我认为，各位千万不要妄自菲薄，因为你们见证并参与了中国兴起的过程,在历史上它将产生非常重要的影响。

我经常提醒我的学生一定要熟读历史,要从历史中汲取智慧、汲取教训。英国首相丘吉尔曾说,你可以回头看多远,就可以向前看多远。想要对中国兴起这样的历史巨变做比较完整的掌握,一定要以非常大的历史跨度来看待它。以这样的视角审视,会发现中国其实不是崛起,而是再兴。在历史上,中国人口板块很大,而且农耕技术、手工业也都处于相对先进的水平,所以在全球经济体系中的相对比重一向很高,至少是25%,在1/4到1/3左右。在嘉庆年间,1820年的时候,它基本上已经达到了1/3,这也是一个顶峰。

中国正在恢复其在东亚的地位,也在恢复其在世界的地位,同时已经开始在重新塑造全球秩序。这里面有四个脉络值得探讨,一是中国的兴起撼动美国的霸权体系;二是拉抬了非西方世界的全面崛起;三是加速了全球多元格局的出现——因为之前的世界秩序是以美国作为独霸的一元秩序,是以美国所主推的核心价值作为衡量进步与落后的唯一指标;四是会让中国发展模式被很多发展中国家、欠发达国家的知识分子和政治精英认真研究。我认为这几个脉络都非常重要,非常值得我们进一步思考。

在历史上,中国一向在世界经济体系中扮演举足轻重的角色。这点可以用一位经济历史学家的资料作为佐证。这位著名的学者是麦迪逊,刚刚过世不久。他曾长期担任世界银行和国际货币基金组织的顾问,也曾帮助世界银行和国际货币基金组织设计了所谓购买力等值GDP的估计模式。他对千年的经济史也做了很多估算,建立了一个非常大的数据库。从这个图(图5)可以看出来:中国所占的比重基本上是1/4到1/3,在过去500年中有300年都是如此。一直到19世纪中叶道光皇帝以后,才开始明显地没落。接下来是鸦片战争,一连串的西方势力瓜分中国,加上西方国家本身快速的工业化和快速的殖民掠夺,形成一个巨大的反差。

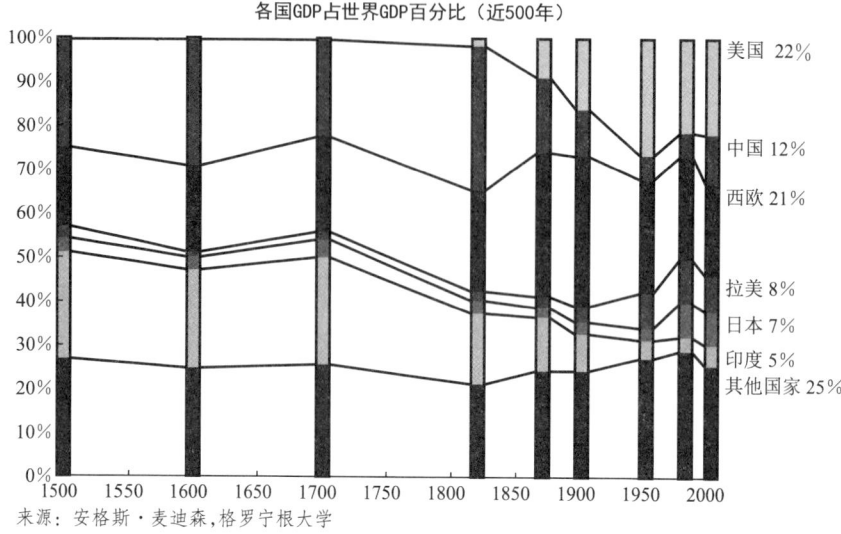

图 5 过去 500 年不同国家地区在世界经济生产总值中所占比重

印度也一样,印度在历史上也是一个拥有众多人口的文明古国,也曾经在历史上扮演过非常重要的角色。我们可以看出,在葡萄牙人、荷兰人、英国人进入印度殖民之前,它同中国一起,两个国家、两个古文明撑起了半边天。但是 18 世纪初遭受殖民掠夺以后,印度就开始逐渐没落了。直到今天,它还没有真正恢复过去曾经享受过的世界地位和影响力。

如果我们用 2000 年的跨度看就更明显了。我刚才讲了一个大的基本的格局,这个格局在最近 160 年、170 年才出现变化。也就是说,西方国家透过工业化以及殖民掠夺,快速地占据生产力和军事力量的最前沿,成为支配世界的主要力量。可以这样说,过去的 60 年是非西方世界在逐渐追赶、古老文明在逐渐恢复的时期。可以预估,在 21 世纪剩下的 80 多年中,东亚、中东、南亚,都会逐渐恢复它们在世界经济和政治舞台上的份额,而且它们的再兴也可以为拉丁美洲、非洲全面发展创造非常有利的条件。在这样一个大脉络之下,世界经济体系中所谓传统的国际分工和南北关系,将会发生转变。

回想 30 年前,很多落后的国家进口一部美国或日本汽车,要出口相当数量的咖啡或者香蕉。但今天这个世界变了,而且变得非常快,一个海尔就把日本、美国几乎所有的电器集团打垮了。类似海尔、海信这样的集团,以及中国各式各样的工业产品制造商,正在促使全世界消费市场产生一种商品化过程——越来越多的工业产品变得物美价廉。一个完全竞争的市场正在形成,是中国把这个门槛全面拉下来的。接下来不只是中国制造商会生产,泰国制造商、印度制造商都会生产。德国、法国、英国、美国独占鳌头,含有独门绝技(高精尖科技)的高附加价值产品会越来越少。为什么? 因为竞争者会不断地进入这些领域。回想过去,高铁哪有中国的份儿? 不是德国西门子就是日本富士通,但是现在出现了竞争者。再说智能手机,以前哪有亚洲国家的份儿? 现在有三星,还有中兴、小米、华为,它们在把这些产品不断地普及化,以后出现售价200美元,甚至100美元的智能手机都是可以想象的。这就带来了南北关系的剧烈转换、剧烈变化。所以整个财富的移转和权力移转会伴随而来,也正因如此,我认为西方国家独占人类历史舞台的时期即将告一段落。

如果我们展望未来的世界大格局,会得到一个很基本的数据(图6),

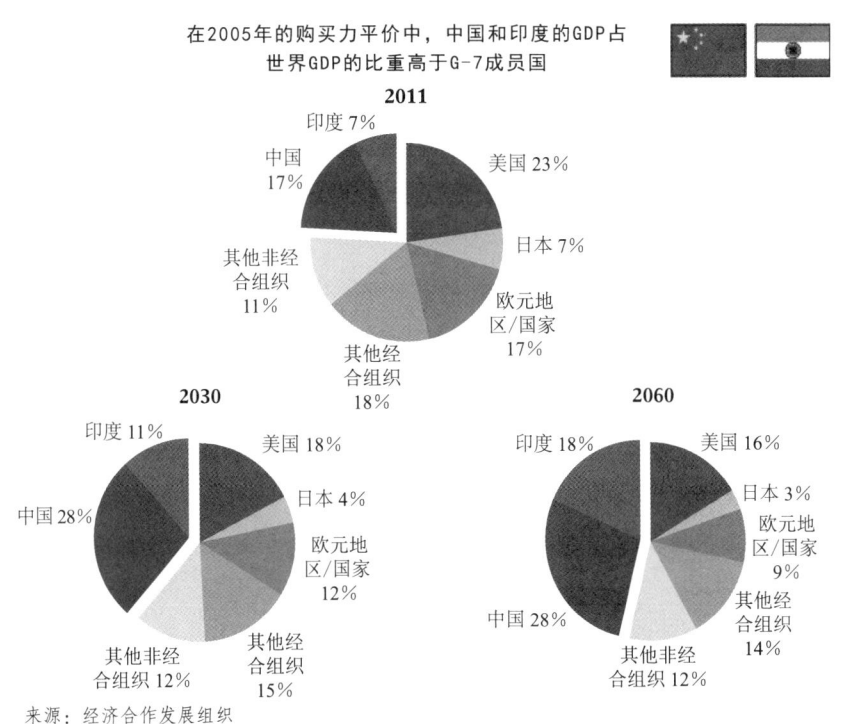

图6 OECD对全球GDP比重分配的长期预估

这个数据是根据OECD（经济合作与发展组织）的估算,于2014年发布的。它根据购买力等值对2030年和2060全世界经济板块的消长做了一个估算。中国在2011年占全球比重的17%,但是按照现在6%、7%的发展速度,到了2030年很有可能达到28%,那时它会变成一个最大的经济板块,而且比美国大很多;日本会相对萎缩,从7%萎缩到4%;欧元地区实际上也在萎缩,因为它的经济是停滞的,而且人口老化过程开始得比较早;印度有很好的后发优势,会从7%升到2030年的11%,然后到2060年的18%,而且它的人口红利还在持续发酵中。这个估计不是一定会实现,但它是一个实现可能性很高的历史趋势。

我们可以想象,这样一个新的全球性生产力配置、新的全球性经济实力配置,必然会对现在所有的国际组织的游戏规则、所有重要的国际合作机制以及权力分配机制产生深远影响。过去所有基本的国际组织章程和国际合作协议、规范,都是围绕西方国家制定的,非西方国家必然会要求实现更公平的参与,以及对这些游戏规则进行一定程度的改造。

要怎么来看待这样一个巨大变化呢？我们要了解全球权力和财富分配结构逐渐恢复到西方兴起之前更长时期的历史常态。也就是说我们要清楚,过去的160年、170年,实际上是一个很特殊的例外,不是常态。虽然我们生在一个西方主导的、美国领导的世界之下,以为这就是常态,但当用一个更长的历史轴去审视时,就会得到完全不一样的结论。从全人类的角度看,与其说是恢复历史常态,不如说是恢复一个更公平、更合理的经济资源分配结构。因为在人类历史上,很少有过去一百六七十年来的这种状态——少数发达国家,尤其是发达国家中的富裕阶层享受绝大多数地球上生产的果实;落后国家和先进国家之间的生产力差距达到20倍至50倍,这是人类历史上未曾有过的。以前任何一个古文明不论多么发达,它的农耕技术再好、水利条件再好,能比一个粗放的、原始性的农耕模式增加4倍、5倍的产量,已经非常不容易了,不可能有20倍、50倍的差距,所以说过去一百六七十年是一个非常例外的情况。

很简单，其实任何处于落后的国家都有机会追赶。它只要不被殖民、不打内战，有一个可以维持基本政治法律秩序的政府，之后就有机会开始追赶。当然，如果追赶得成功，步伐会快一点；不是那么成功的话，会缓慢一点。因为它可以很快地填补技术上的落差，可以学习，可以山寨。山寨并不奇怪，因为所有的西方国家在追赶过程中，包括美国在内都是山寨大国，没有一个不是。虽然它今天可以道貌岸然地跟你讲这个不能、那个不行，但事实上它忘记了自己的历史。我常常跟很多美国学生说，美国过去是西欧眼中的山寨大国，凡是伦敦、柏林、巴黎有新的出版品、新的发明，6个月之后甚至3个月之后，在波士顿、纽约就可以看到它的仿冒品。美国也是这么走过来的。所以我认为落后国家与发达国家之间的巨大落差其实为快速追赶创造了可能性。而中国似乎又特别能够发挥后发优势，能够创造过去35年的奇迹。

面对这样一个巨大的历史变化，西方国家知识分子非常忧虑，因为他们熟悉的世界可能会被撼动，甚至被迫改变。2007年加州大学伯克利分校的一位学者曾与他的学生写过一篇文章，对这个趋势表示担忧，这篇文章是《一个没有西方的世界》。他们认为非西方世界会根据不同的世界观、价值观，建构另外一套国际交往规则，并且会把西方国家建构的规则摆在一边，或者绕过去，另起炉灶。对他们而言，西方国家所建构的国际交往规则代表了高度的文明，是体现法治精神的，能够更有效地促进国际和平与合作。这是他们的一种思维，其实也是非常偏颇的一种思维，因为它还是在更好地维护西方国家的既得利益，这一点他们自己是看不清楚的。所以，他们对非西方国家挑战既有的秩序总是以负面的眼光看待，认为这样会带来混乱，带来冲突，甚至带来文明的倒退。

我认为这种思维是西方多元主义观念下的一种心理反应，它并不是一套有很多真理成分的论述。类似的观点也很普遍，像 Ian Bremmer，一个重要的国际咨询机构、智库的负责人（政治风险咨询公司欧亚集团总裁），最近写了一本书论述 G-Zero World。因为很多人都在说过去的世界是七大工业国家在主导（G7）；接下来就出现了 G20，但是 G20 人多口杂,很难达成真正的共识;也有人说应该是G2,美国与中国合起来可能只要共同商量就可以共同管理;还有人说世界之大,并不是这两强说了就能算的,更何况这也不是一套非常合理公平的世界事务的决策机制。在探讨的过程中,Ian Bremmer提出一个很简单的概念,叫作"G0"——就是没有领导人,变成群龙无首的世界。他认为世界上的国家就会自扫门前雪,他也担心在这个大趋势之下,很多全球性的议题没有办法解决,而且很多过去已经建立得很好的游戏规则和合作机制可能会逐渐松动,甚至会逐渐衰退。

我认为这些忧虑虽然不是完全没有道理,但完全低估或忽视了非西方国家——包括中国在内——可以承担的新责任,以及可能会带来的影响世界秩序的新主张和新作为。包括中国在内的非西方国家的知识分子,在面对既有的,尤其是战后由美国主导建立的世界秩序时,其实是要坐下来做非常深刻的思考的。不是说西方主张我们就反对——这是义和团;也并非西方说这是普世性,我们就接受——这是盲从。这两种态度都是不对的。其实我们应该问两个很简单、也是非常本质性的问题:西方国家所建构的体制和秩序,它的核心理念和可操作性如何?这个程序是否公正、能否持续,能不能兼顾地球上绝大多数群体的生存发展需要?这是最根本的检验标准。对一些秩序进行判断时,应该从这些角度出发形成自己的态度和主张,是应该主张接受它、拥护它,还是要求改革它,或者要求彻底地改造它。

另外一方面,非西方国家也要思考和探索,有没有能力、有没有可能建构新的理念和制度,让新秩序比现有秩序具有更大的包容性,更合理、更公平、更有效地处理全球治理挑战和人类有序发展的课题。我觉得这是中国所有的高端智库、所有的重点高校、所有的学者都应该去探讨的重大课题。这个课题绝对不是我一个人,也不是少数几个人在短期内能够完成的,这是未来10年、20年、30年的一个巨大的知识挑战。

今天的世界秩序肯定还有需要改良,甚至改造的必要性。第一,当前的全球秩序是美国支配的霸权体系和西欧推动的法治体系的混合体。

因为它是混合体,所以有点"四不像"。有时候它的本质是霸权,但是它的外观、包装是一个法治体系,所以里面存在各种矛盾,而且危机四伏。美国单边主义架空了联合国的集体安全体制,它有选择地进行军事干预,而且师出不一定有名——无名也可以自己创造出一个名义出动军队干预。对于敌对的国家,美国会变更它的政权,通过政变或者支持武装反对阵营,造成内战。这些片面政策导致很多地区宗教和族群冲突加剧。现在中东的战火四起,都是这种政策造成的后果。

当今全球经济体系实际上累积了很多潜在的问题,甚至可以说巨大的风险,当然中国也不能完全逃避掉。其中最大的风险就是西方国家以债养债,而这个债务火山不知道哪一天就会爆发——它不可能永久持续下去。另外,美国作为全球储蓄货币的唯一发行者,在过去30年间不断膨胀自己的虚拟经济,即以金融为主导的虚拟经济,其结果是金融危机不断涌现——今天还没有真正走出2008、2009年的全球金融危机,现在还在危机当下。这样的角色会给国际现有的货币体系带来不安定的因素。此外,我们可以看到美国所创造的全球化经济游戏规则,让全球化经济活动的利益和风险的分配非常不均,全球都出现贫富差距急剧扩大的现象,而且弱势团体正在快速地被边缘化。这种现象让经济交换过程不可能平稳运作,因为在很多地方,会达到一种社会冲突甚至社会动乱的临界点。

当前世界的经济游戏规则,就是服务全世界的富豪阶层与跨国企业精英的需求和利益的规则。甚至很多重要的国际组织也把精英群体的利益摆在第一位。例如希腊的债务危机,非常难解决。德国、欧洲央行、IMF都在跟希腊政府协商纾困方案、还债计划。不论如何,他们的第一个考量就是保障债权人的利益。谁是债权人?债权人就是欧洲各国的银行和欧洲各国机构投资人,也就是说要先确保这些债权。至于确保的过程中,多少希腊人失业,多少企业倒闭,多少公共服务全速消减,都不是他们考虑的主要问题。我们不禁要问这些国际组织,它们是为什么群体服务的?是从什么角度处理经济危机问题的?所以希腊问题越发展,黑洞越深。因为如果把它最后一滴血都榨干了,它怎么恢复生机?怎么恢复就业？如果不恢复就业、不恢复增长，就无法恢复财政收入，也就永远还不了债务。这是一个恶性循环。

我们必须很严肃地看待这个问题。实际上世界上很多小型国家都身不由己。面对西方制定的游戏规则，小型国家只能去适应，只能伸手欢迎这些跨国企业、富豪阶层来投资，并把自己所有劳动的规则、环境的规范以及法律、税收政策打造成一个对投资者最友善、最有利的环境，这是一个非常扭曲的经济秩序安排。尽管最后我们也非常关心全球的生态环境、全球暖化的问题，以及各方面对人类长期有序发展存在重大威胁的问题，但实际上仍然没有非常有效的全球行动来面对这些挑战。

很多人可能会问，中国可以做什么呢？中国的兴起又意味着哪些其他的可能性呢？难道我们可以创造一个比西方世界所打造的更好的秩序吗？当然这是一个未知数，但是我有几点观察可以与各位分享。

第一个要与各位分享的是，中国是一个非常特殊的国家。尤其经过了35年的快速发展之后，达到今天这样的发展水平，拥有现在的科研实力、外汇储备，都证明中国具备非常巨大的推动"南南合作"的优势，即同众多欠发达的发展中国家全面深化经济合作的优势，而这种合作可以帮助中国抵御经济下行的风险。过去中国非常依赖投资，也非常依赖出口。事实上，国内投资带动在有些产业中也出现产能过剩的问题，新的增长空间有限。欧洲和美国的市场，由于其经济增长速度已经减缓，甚至将会长期停滞，所以都不可能给中国带来新的增长动力。而非洲国家、拉丁美洲国家和亚洲国家与中国之间有巨大的互补——它们劳动力非常充足，人口红利方兴未艾，土地和天然资源非常丰富，但它们存在着国内资本不足、外汇不足、人力素质很低、基础设施严重落后等问题。例如印度、孟加拉、巴基斯坦等国现在用的铁路还是英国殖民时代兴建的，基础设施极为陈旧落后；在很多欠发达国家中，国内私营企业的能力不足，没有办法带动工业化；此外，还普遍存在公共治理质量差、整体发展规划能力不足等问题，这些都限制了它们的发展。

为什么它们和中国的互补性很高？因为中国正面临天然资源不足的限制。那么多的人口，那么少的可耕地与天然资源，而且人口红利逐渐枯竭,沿海普遍缺工,工业产能在很多产业中出现过剩。但中国有优势,中国的国内储蓄非常高,外汇储备非常丰沛,资本过剩。资本如果不被引导到一个好的出口,就会在房地产、在股市里面兴风作浪;另外,中国具备了基础建设产能空前庞大的条件,这个条件在历史上从来没有出现过,没有任何一个兴起中的超级大国具备像中国这样的基础建设产能。举例来说,李克强总理2014年也访问了中欧和东欧国家,召集了中东欧十国的政府首脑举行会议。会上签署了一个协议,即帮助三个国家修一条跨国的高速铁路,从阿尔巴尼亚,经过罗马尼亚到匈牙利,把三个国家的首都联结在一起。对东欧国家来说,这是一件头等大事。这条高铁总长度是多少呢?里程数不到350千米。这是什么概念?中国在2014年增加的高铁里程数为4000千米,也就是说,对中国来说,同时在100个国家出动上千个工程队,兴建水坝、兴建铁路、电网、深水码头、高速公路、高速铁路都没有问题。全世界只有中国这个大块头,结合过去所积累的产能才有这种可能性。这是历史上从来没有出现过的一种景象。有些国家的基础建设极为落后——例如印度,铁路运输不足、公路运输不足、电力不足,干净的饮水也不足,甚至有些国家连通信网络的覆盖都严重不足——而这些都是中国的强项。

另外,我觉得中国本身在发展规划上也有经验可以和其他国家分享。中国过去从来不相信西方市场万能这一套经济理论,它重视市场和政府双手并用,而且它的发展经验是通过"摸着石头过河"得来的;它不相信教科书,而是强调因地制宜,与时俱进,不断调整自己的发展策略,调整自己的治理模式。我认为这个思路和这些经验对发展中国家非常有帮助,能够帮它们解决很多具体问题。也就是说,美国在全世界设立将近1000个军事基地的同时,中国可能在全世界设立了几千个建设基地。这对世界的影响是完全不一样的,性质也是完全不同的。实际上如果各位有机会到世界各地旅行的话,可以在第一线观察中国的兴起,以及中国同所有的发展中国家全面开拓和深化经济合作关系所带来的巨大改变。我在讲座开始时曾拿非洲两个国家做例子——肯尼亚和埃塞俄比亚——实际上拉丁美洲也是如此。中国在2000年的时候,和拉美的贸易总额只有100亿美元,到2012年增加到2610亿美元,增长25倍。预计2015年中国会超过欧盟,成为拉美的第一大贸易伙伴。不仅如此,中国在拉美也是提供中长期融资的重要融资方。过去这段时间中,中国进出口银行还有国家开发银行,带给这些国家的长期性贷款接近1000亿美元,这个规模超过世界银行、美洲开发银行和美国进出口银行三者的总和,所以中国在这个地区的经济影响力和美国已等量齐观。

2015年年初也有一件很重要的事情,就是中国和拉美、加勒比国家共同体举办了首届部长论坛。我的估计是,三年之内这个论坛就会变成峰会,变成首脑论坛。通过这个机制,虽然相隔太平洋,但是两个地区仍会创造出一种全新的经济交往和合作模式。2015年年初,王毅部长在部长会议上宣布中国要全面加强同上述地区的经济、科技、人才和文化交流,要向这个地区提供5000名留学生奖学金、5000个实习岗位等;也设定了目标,希望双边贸易在2025年能达到5000亿美元,双向投资能够达到2500亿美元,这些都是空前的数字。这些数字不需要再列举,因为在每个地区都可以看到非常类似的现象,而且我还要再强调一句,这只是开端,这只是初期。

2014年李克强总理到非洲访问时,正式宣布中非合作全面升级。这个消息一出,西方国家都看傻了——大大出乎他们的意料。因为中国已经不只局限在跟个别国家加强经济合作或其他方面的合作,而是把非洲当作一个整体看待。非盟是一个非常薄弱的国际组织,这些国家大部分依赖西方国家给它们的开发援助,或者说在经济结构上高度依赖西欧,所以很多跨国合作根本没有启动的机会,而中国准备解决这个问题。我们知道非洲各个国家都有首都,但从一个首都飞到另外一个邻近国家的首都,是没有直航的,因为经济规模达不到。一般来说,飞机要飞到很遥远的约翰内斯堡,飞到迪拜,绕一个大圈,因为只有那里才有可以中转的地方。非洲的国家之间没有联系网络,不用说跨国高速公路,更不用说覆盖整个非洲的民航网。在与非洲升级版的合作中,中国承诺要协助非洲国家实现区域互联互通,把整个东非或整个西非看成一个大板块,帮助它们建立互通网络,让资源能够流通,让经济能够真正地互补和整合。中非合作也包括联合几个比较有实力的非洲国家,设立一家航空公司,专门发展非洲的区域航空业。中国还承诺在非洲设立高铁研发中心,计划把这个技术移转到非洲大陆。这在非洲是从来没有发生过的事情。

"一带一路"的重要性更毋庸赘言,将会对全世界,尤其是对欧亚大陆的经济格局带来前所未有的变化(图7)。欧亚的陆路会变成发展后势非常好的经济大通道。在这条通道上,青岛地缘位置非常好,它可能是这条欧亚陆上通道与海上通道的结点。我知道2015年刚刚开了一班试行的火车,从青岛直通中亚几国。如果将来中亚段和俄罗斯段的铁路轨宽能够统一,这条铁路从青岛出发,应该可以在两周之内到达德国的杜伊斯堡——欧洲最大的内陆转运港。这个通道将来可能变成可以与海运并驾齐驱的新通道,而这条铁路沿线就是"一带一路"中要串联的所有重要的国家。所以我们说中国现在的一些规划,对所有周边国家来说,都会带来难以想象的变化。李克强总理最近访问拉美三个国家时也积极乐观地说希望能够协助这些国家兴建一条横跨南美洲、连接两洋的铁路,这也会对西半球带来非常深远的影响。

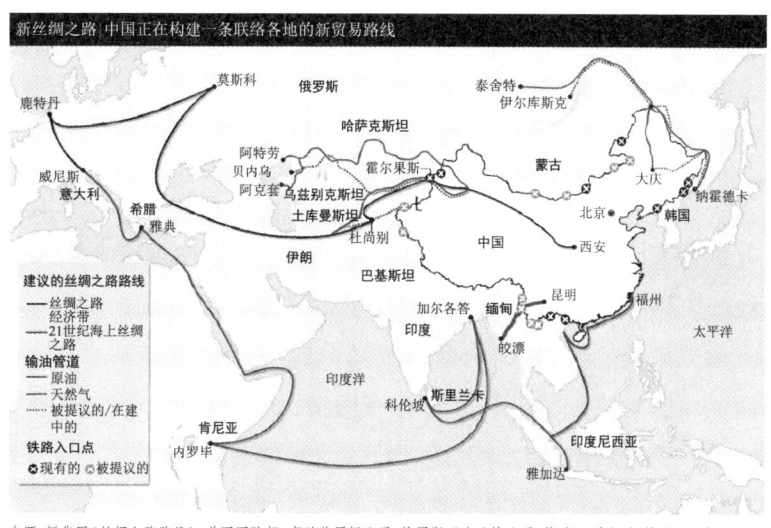

来源:新华网(丝绸之路路线);美国国防部,高兹普罗姆公司,俄罗斯石油运输公司(管道);联合国(铁路入口点)

图7 "一带一路"推动欧亚大陆板块经济一体化

我觉得对南方国家来讲，对众多的发展中国家和欠发达国家来讲，中国兴起所起到的拉抬效果及其带来的新合作方式，也是300年来第一次出现。第一，一个兴起中的超级大国不是以殖民掠夺者，不是以支配者或文明优越者的姿态、思维来面对欠发达国家，对非洲国家来说这是一个新的经验，它们半信半疑。因为在非洲国家看来，以前所有发达的、先进的国家都是以这种角色、这种姿态跟自己交往。中国会不一样吗？中国经常跟很多人说"我们绝不称霸"，因为过去西方国家的例子是"强必霸"。"强不称霸"对非洲国家来说是难以想象的，但我说这可能是真实的。第二，不管英国、美国在全盛时期有没有能力或意愿，中国是几百年来第一个可以同时在上百个国家协助兴建电场、输电网、通讯、光纤网络、铁路、地铁、高铁、海港等基础设施的国家。对一个一年能够在国内兴建4000千米高铁的国家来讲，它同时在全世界修筑另外五条300千米的高铁算不了什么。中国有这个能力，能够为全世界中低收入群体全方位提供价廉物美的工业产品，可以让几十亿人在很短时间内以很低的代价跨入数字时代和网络时代。如果将来小米手机最便宜的在100美元之下，然后在非洲大陆、印度、印尼全面地开发，它也可能会刺激当地生产商的兴起，这也不是坏事。因为坦白说，苹果是卖给全世界收入前10%或5%的人，其他人是买不起的。如果要买苹果才能跨入网络时代，那这个数字落差就会非常大。所以我说中国有能力、有条件协助几十亿人很快地跨入数字时代和网络时代。而且中国在面对南方国家，与它们制定合作机制，进行投资和技术移转时，行动主体主要不是民营企业，而是官方融资机构和国有企业。这些机构不是以资本回报极大化为考虑，它的经济逻辑与所谓的避险基金或华尔街的投资银行是完全不一样的。对南方国家来说，中国是一个新的贸易伙伴，也可能是未来最大的投资来源国。中国对它们说："我理解你有国情，要因地制宜，我不会灌输意识形态，我不会在你这边搞政变。"对这些国家来说，这是一个全新的经验，可能还半信半疑，因为这是它们过去所不能想象的情况。

亚投行之所以会引起那么大的回响和殷切的期盼，其实道理很简单：如果世界银行和现在已经有的亚洲开发银行做得很好，亚投行就没有空间了，但是它们做得完全不到位。根据记录，世界银行与亚洲开发银行在过去30年中只有小规模增资，没有大规模增资过。而亚洲的经济规模，现在和30年前相比已经有了巨大的增长。所以它们30年不增资，不可能应对今天亚洲巨大的基础建设需求。它们为什么不增资？很简单，这就是我讲的新自由主义经济意识形态在作祟。比如一些国家要融资，你们去华尔街融资就好了。你发行国债，我让高盛来包你承销。然后请你用市场利率，或者让外国投资人、外国投资机构可以接受的回报率来满足你的融资需求。如果是一个闭锁期长达15年、20年、25年的大型工程，没有国家有能力从私人资本中得到长期融资。因为这些跨国投资人要求的回报率非常高。第一，这些大型项目的风险很高，它有失败的可能性；第二，闭锁期长，20年以后才能开始还本，之后才可以收费，才开始有收益。外国投资人没兴趣，国际资本市场没有办法消化。最后，这些项目就会因为融资太困难、成本太高而难以启动。但是，如果中间有一个以政府的担保为后盾的多边机制、多边机构愿意承担这个风险，这个局面就会完全改观。因为它们可以很好地做项目评估和监督，然后用自己的信用在全球的资本市场发行债券，可以用跟美国国债一样的成本得到长期的融资。这样就把西方过剩的、中国过剩的资本引导进入这个急需建设的基础建设中。原来应该做这个工作的，由美国、日本主导的亚洲开发银行和世界银行，没有做好自己该做的事情，反而一直把这些国家的融资需求驱赶到所谓的国际金融市场上去，所以亚投行迎合了巨大的需求。

我认为中国不会成为另外一个西方霸权的原因如下。

首先，中国是一个有巨大体量和份额的国家，它的"块头"太大，先天上就不能自扫门前雪，不能把自己的问题转嫁给别人。我常常说，中国如果有一天粮食生产不够，自己喂不饱自己，全球的粮食价格就会出现巨大风暴，而且世界各地可能因此出现动乱：有些国家限制粮食出口，有些国家趁机敲竹杠，投机资金拼命炒作粮食期货，最终导致天下大乱。

中国内部的任何一个问题如果自己不能做足够的处置，都会变成全球性的问题。中国的巨大体量注定了它不能自扫门前雪，所以不可能让人民币大幅度贬值。因为一旦这样做，其他中小型国家就活不下去，它只好再贬值，贬值到什么程度就没有底线了。小国家其实无所谓，贬值15%，稍微占一点便宜，也不影响大局。但是中国不会这样做。

其次，中国的兴起在一个特殊的历史时点上，兴起于网络时代。网络时代开启了一个全新的可能性。长期来看，网络时代会产生一个去中心化。简单来说，我们过去看到世界资源的分配方式是越来越中心化，所有人才、资金都涌向少数几个全球的金融中心、科技中心，或者全球的政治中心，强者恒强、大者恒大。相反，没有办法参与这个中心或与中心连接的群体，就很难避免被边缘化的可能性。但是在网络时代，这种命运是可以改变的。全世界任何弱势群体，甚至包括那些在路上被阻拦的难民，都有可能通过网络产生前所未有的协调、合作的力量。这种可能性在中国已经看到了，我们叫"众创"，众人创业。我们可以变成"创客"，不需要参与一个大的企业就可以设计产品，可以找到客户，可以找到代工的厂家。也就是说，每一个人可以变成一个小中心，或者一个群体，比如一个微信群就可以发挥很大的能量，而且可以把过去没有连接起来的人群连接起来、动员起来。网络时代对国家来说是一样的，国家很难再独占一种所谓中心性的资源分配、资讯分配或者资金分配的角色。将来很可能连银行都会消失，每一个有剩余资金的人可以通过网络与需要资金的人直接进行交易。这就是一个去中心化的典型趋势，马云就在打这个主意。

所以，这个时代其实是让美国这种形态的霸权以后很难再复制。但我认为中国不会是另外一个西方霸权的最重要原因，也是最大保证，是中国继承的文化基因和历史记忆，这是确保这个社会中大多数的知识基因、政治基因和社会基因的一种基本价值判断。中国一向都是自力更生的，历史上很少、甚至可以说没有殖民扩张的经验；中国也没有靠战争发财的经验。在中国历史上，占领一个国家，然后让它割地赔款这样的事很少发生,中国与其他国家更常见的一种互动模式是:打败对方后要求它进贡,然后再回馈对方,回馈的比进贡的更多。中国过去没有发行一种唯一储备货币,用货币游戏洗劫其他国家的财富。中国从来没有这种历史经验,但是很多西方国家有这种经验。更何况100多年来,中国处在反帝和反霸的历史抗争中,长期受帝国主义和霸权的欺凌,己所不欲,勿施于人,这些经历也会抑制它去复制西方霸权。

另外,我认为中国的文化传承中,非常崇尚"和而不同",本身具有比较大的包容性,尊重不同的宗教和文化。对中国来说,多元一体本来就是自然现象,不需要强求统一。中国不会推销所谓的"普世价值"或者"普世模式",因为这样做必然会导致文明冲突,必然会树立敌对者。而如果去转化或感化,就树立了"落后"与"进步"的对立。在中国历史上,尤其对宗教,展现出了高度的包容性,对不同的民族亦是如此。

我也认为中国有机会开创崭新的世界领导者的模式,当然其中有客观分析的成分,但更多是主观期望,这是我对各位的一种呼吁。我认为中国现在仍处于中等发展阶段,有长期保持中高增速发展的巨大潜力,未来应该有20年以上中高增速的实力。如果能够维持这个势头,就具备了拉抬非西方国家的巨大能量;如果不能维持,经济急速减速,这个能量就会严重削弱。

另外,我认为在未来长期一段时间中,中国可能会立足于社会主义市场经济和一党执政的体制,这个体制在西方国家看来格格不入,甚至是违背所谓的世界潮流。但是它有它的特点,这个特点就是,在中国体制下国家机构比较不可能被跨国资本或军工利益集团所绑架、所俘虏,而被资本和利益集团绑架的现象在西方国家比比皆是。这个体制可能长期会维护或主张一个社会主义核心价值,即优先保障广大群众生存发展的权利。我希望这种体制能够维持下去。我也认为这个国家会始终做好市场与政府之间的协调,相信两手并用,而且在很多经济活动领域,不迷信市场万能,而会赋予国家资本一种优先地位,因此还可以调节、约束资本的掠夺性和破坏性。

中国仍旧在探索最佳的社会发展模式，不会自满于现状。它认为自己还有很多需要完善、需要改良的地方，而且可以向各个不同的国家继续学习和借鉴。它一直有这样的学习和改善的动力，这是一种非常正面、非常具有建设性的思维。我也相信中国的社会基因，因为它的文化传承，可以很容易接受甚至欣赏超越国家利益的一种思维维度，也就是一种天下观的视野、一种义利之辨的智慧，一种面对任何国家，尤其是落后国家，不会完全以利益的角度来进行交往的判断。中国会想到道义的问题，想到公平合理的问题，可能会有济弱扶倾的道德观念。这个观念在国内也有展现，比如上海、山东支援新疆、西藏，这就是休戚与共、济弱扶倾的具体展现。我相信面对更落后的非洲国家、拉丁美洲国家，中国也可以沿用这样一种基本的思维。

作为一个新兴领导者，中国既要坚持原则，也要有谋略；要有道，也要有术。有道无术寸步难行，不是只有很好的理念就可以制定非常可行的政策。所以中国可以选择性地融入西方主导的规范和体制，尤其是可以公平、合理、兼顾绝大多数人生存发展需求的体制，量力承接西方国家弃守的角色和责任，也要适当照顾西方利益，结合西方国家内部的进步力量，而不是与西方形成一种零和对立的关系。同时，我觉得中国应该更积极地与非西方国家携手开创互利合作空间，突破现有体制对非西方国家发展的各种限制。但是一定要循序渐进，可以从冲突低的领域开始先行突破，其中包括生产和交换领域、健康环境和生态领域、信息和网络领域以及知识和意识形态领域。

而深水区的改造世界游戏规则的努力要量力而为，要等待时机，其中包括货币金融、武力安全，还有主权疆域及认同等领域。总而言之，我认为中国带来了重塑世界秩序的巨大可能性，这种愿望不是只有中国才有，很多发展中国家，尤其是被殖民过的发展中国家，实际上对西方主导的世界以及制定的游戏规则的合法性，一直是质疑的，也是批判的。但是它们没有能力改变，也无法想象能够改变它。但是现在，这种想象有了实现的可能。今年4月在雅加达，以及接下来在万隆召开的纪念万隆会议60周年的亚非峰会上,东道主印尼的总统佐科,在回忆60年前的万隆会议时曾说,这是被西方殖民过的非西方国家的合作运动,那个运动最后胎死腹中,并没有取得真正的成果,也没有续航能力。60年后,虽然国际环境发生巨变,但是基于公正、平等、和谐、繁荣的世界新文明的共同梦想仍未实现,亚非国家需要继续团结起来,推动建立公平公正的世界秩序和全球治理新秩序。印尼总统这段话在西方国家听起来是非常刺耳的,因为很有针对性,他的意思就是说今天的世界秩序是不公平、不公正的。另外,他在此时此刻讲这段话是有底气的,因为他看到了这个可能性,而且之所以有底气,很重要的一个原因是中国兴起了。

所以,我认为在未来中国与非西方国家携手合作,努力创建新的全球秩序的过程中,尤其对经济全球化这样的经济活动,它应该有条件、有能力改变游戏规则。今天的全球化游戏规则很简单,归纳起来就是资本友善至上、私有经济至上,跨国企业、跨国银行、投资机构、私募基金等是参与全球化的主体,虚拟金融活动凌驾而且威胁了实体经济活动。由于金融资本过剩,导致资源大量集中于中心、集中于龙头,不管是中心城市、龙头产业、龙头国家,大则恒大、强则恒强。

我认为,一个更合理、更公正、更包容的新全球秩序应该做下列改良和改善:第一,从资本友善调整为在劳动友善、环境友善和资本友善三者之间取得新的平衡;第二,从完全让私有经济主导,转为为公有经济、合作经济、共享经济提供发展空间;第三,跨国经济活动和投资、合作,应该不限于之前的参与主体,应该给国有企业、主权基金、开发银行、跨国社会企业、私营经济并行的参与空间;第四,对虚拟金融活动进行相当严格的管制,让金融活动回归它的本质——服务于实体经济,而不是凌驾于实体经济之上;第五,让各种弱势经济群体、甚至偏僻的农村群体,都有机会利用网络和数字化生产,参与跨国的、全球性的或更大范围的经济合作和交换;让过去的中心化趋势获得一定程度的扭转,从而强化个体,强化微型经济,强化边缘群体。增加它们的经济参与机会,我认为是未来中国在面对新的世界经济体制改造时的一个值得努力的方向。

总而言之，我把这些看成是中国梦与世界梦的具体构想，但是这些愿景能否实现要看各位。

谢谢大家！

互动环节

提问：朱老师您好！听了您的演讲，我有几个问题想向您请教：您认为中国及非西方世界主导未来全球的秩序是一个必然的趋势，而西方世界的衰落也是长期性的，但是我认为西方世界并不是铁板一块，有美洲，有欧洲，有澳洲，还有日本，按照西方文明极具开拓性的精神来看，会不会有某个部分或者多个部分率先完成自我革新，在现有的基础上实现自身制度的改良，从而实现西方世界的复兴，重塑西方的全球霸权，使中国在未来仍然是一个配角？也就是说西方制度是不是在根本上落后了？谢谢！

朱云汉：好，这个问题问得很好。我也希望你有机会看一下我新出的那本书，书中对西方体制面对的难题、困境和僵化的局面，分析得比较深入、比较完整。简单说就是西方国家虽然不是铁板一块，但它的核心理念让它形成了一个很强的共同意识，这个是非常清楚的。

我同意美国的经济体制有进一步修补和创新的可能性。因为美国不断有新的移民加入，还有能量可以吸纳世界的财富和人才，其国内的竞争机制和创新环境比欧洲好很多。我刚刚讲到OECD（经合组织）对未来经济板块的预估中，对美国的预估相对来说是中度乐观的，因为它还有这些有利条件。但是美国的问题也很严重。严格说，现在美国社会中的很多矛盾、很多结构失衡问题，是因为"一美遮九丑"。"美"就是美元霸权。因为美元霸权，美国成为一个三大赤字可以长期不断累积的国家，它可以长期维持贸易赤字、财政赤字和家庭消费赤字，而且不用担心需要纾困或者做结构调整，因为它可以印钞票。

其实在中国的兴起过程中，美国最害怕也最忧虑的就是，如果有一天人民币能挑战美元霸权，会让很多国家有第二、第三个选择。美国过去一直暗中打压欧元,不希望欧元成气候。如果欧元成气候,动摇了美元作为唯一国际储备货币的地位,会使它所有的国内矛盾累积的结构失衡问题全部爆发出来。那时,美国就不能再通过印制钞票来解决问题。当然美国还有一些其他内部问题,包括种族问题。到2035年,美国非白人人口大概会接近50%,这个政治体系能不能去消融、化解族群问题还有待考验。但整体来看,美国的人口结构、移民的包容能力、吸纳人才的能力、创新环境等使其仍然是西方经济的支柱。

我认为,除德国外,西欧其他国家要实现经济重振非常困难,甚至有可能变得更坏,尤其是南欧。道理很简单,它们的生产力很低,也没有太多可以在全世界独占鳌头的产品。比如法国,它现在非常尖端的科技产品也不多了,核能科技可能很快被中国取代。中国将来在核能电厂出口上可能会超过法国。欧洲除了德国能够长期维持核心竞争力,并且制造业能够始终站在创新的巅峰,其他国家都堪忧。

整个欧洲长期性的经济衰弱、失业问题不断增加、社会福利负担难以维系,这些问题会让欧洲很多国家面临非常剧烈的社会冲突。在西班牙、葡萄牙、意大利等国家,29岁以下的年轻人失业率高达25%、30%、35%,而且未来十年都没有改善的可能性,社会也难以可持续性地发展下去。所以完全没有办法想象它在未来五年里会改头换面。谢谢。

提问:朱先生您好!非常荣幸昨晚能与您共进晚餐,其间您的很多观点让我有非常多的感触。大家都知道您是台湾"中央研究院"的院士,但现在您的新著引起了大陆高层前所未有的重视。昨天晚上我曾经向您表达自己的一个观点:您那本书有可能会产生类似于《邓小平传》的那种影响。今天,您在演讲中提到一句话:中国立足于社会主义市场经济与一党执政体制(在我们的表达中,大陆学者更习惯于表达为"中国共产党领导下的多党合作和政治协商制度"),请问这种观点、中国这样的一种经验,将对其他非西方国家产生什么样的影响?如何产生影响?谢谢!

朱云汉：第一，这本书引起的很大的回响和反响，超出了我的想象和预期。这本书原来主要是写给台湾读者的，2015年2月底在台湾出了繁体字版。而且这本书是将过去十年我在很多高校演讲以及在杂志和报纸上写的专栏串联起来，整体改写后形成的。我原来的想法比较单纯，觉得台湾地区的年轻人越来越退缩，越来越像井底之蛙，不知道这个世界发生了如此巨大的变化。他们对中国大陆的变化要么一无所知，要么保持完全排斥和敌视的看法，完全跟着西方语境的信息和角度理解中国兴起对全球的重大意义。所以我原来是希望给他们提供一点不同的视角，给他们一点刺激。

但是后来大陆出版界的一些朋友说他们对这本书也有兴趣，所以我稍微做了调整，然后在大陆出版。哈佛大学的傅高义（Ezra F. Vogel）教授最近写了《邓小平传》这本书。实际上我跟他很熟，但我认为我的书无法与他这本书相提并论。中国有句古话叫作"毁谤相随"，如果一本书真有这么大的影响力，很多人赞成，就一定会有很多人批评，我的书当然也不会例外。

因为我长期研究政治学，与最顶尖的政治学者都有很密切的往来，常常跟他们讨论、争论。我经常提醒他们一些话，虽然他们听起来很不舒服，但是有时候也会愿意想一想。

第一，我们不要假装我们懂怎么治理中国，不要以为西方政治学已经累积了那么多定理、定论、理论，我们就有能力告诉高层领导怎么治理这个国家。我说先不要这样想，因为我们没有能力，我们知识上根本不足。

第二，我们应该把中国两千多年的政治经验、治理经验、社会发展经验，好好梳理和整理一下。如果这个工作做好了，对现有的所有社会科学都会产生巨大的推动力量，也是一个巨大的补充。我常常跟国际关系学者说，你们现在讲国际关系的学者理论基础是17世纪以来以主权国家为单元或者是西伐利亚体系下的国际关系。这个国际关系存在的时间很短，而且一开始适用范围也非常小，慢慢地又把主权国家这套规范或基本框架强制性地推销给其他国家，中国也被迫成为一个主权国家。

中国原来不是主权国家,也不懂主权是什么。领海这些概念都是西方来的,我们只是去回应。原来没有这套机制,也没有这套思想。但是在西伐利亚体系形成之前,中亚、中东地区有几千年的国际关系,是用的很不一样的理念和交往规则在进行它们之间的互动,当然其中既有阶层性的关系,也有相对比较平等的关系,历史经验非常多。而东亚关系、朝贡制度、清朝与蒙古的关系等,这些都是现有所谓的主流的西方社会科学中无知的地带。我们要有去理论化的能力。

从这样的经验来看,我认为包括中国过去35年的发展经验在内的不同的路径、不同的模式,对很多相对更落后的国家来说绝对有参考价值,对它们来说,这些经验至少可以在知识上武装自己。第一个经验,因地制宜,根据国情灵活变通,而不是用一套标准版本。就像过去国际货币基金组织有一个华盛顿共识,归纳出来十几条,所有的财政政策、金融政策、税收都按照这个做,到每个地方推销这套东西。这个在我看来是很愚蠢的事情,可是很多国家强迫自己调整不适合自己文化和土壤的东西,来满足西方的开发机构或援助国家的要求,受害很深。我觉得中国先天上就不会采取这样的角度对待它们。所以中国说"你要来了解我的经验,我欢迎你,但是我告诉你不见得完全适用,而且我在不同阶段采取的也是不同的政策,一个阶段有一个阶段的挑战、有一个阶段的问题,前一阶段累积的新的问题,下一段才开始要处理",这些是非常动态的、辩证的,这种知识对它们非常受用。相反,西方教科书中其实是皮毛的、花拳绣腿的东西,对它们来讲不见得真正实用。所以从这个角度来看,中国的政治经验、发展经验都有参照价值。但是中国最重要的经验就是每个国家要按照自己的、客观历史的条件,务实地去摸索最适合自己的发展道路、最适合自己的发展模式,当然也要借鉴值得参考的经验。

我觉得能够打开这个思路对世界就是一个很大的贡献,不一定要推销自己的模式,而是打开这个思路。

提问:朱老师您好!2016年台湾地区选举,民进党基本上能确定蔡英文上台。我的问题就是美国跟日本是否会利用台湾地区来牵制中国的发展？尤其是在安全问题以及防务合作方面，是否会恢复到李登辉以及陈水扁时代的那种状态？

朱云汉：校长，看来这个问题我是逃不掉了。

于校长：逃不掉了。

朱云汉：那就讨论讨论。我刚从华盛顿回来，我在布鲁金斯跟CSIS（美国战略与国际问题研究中心）开一个会，讨论台湾地区2016年的选举。在开会前我一直很苦恼，我想我要说什么。因为好像没什么可以分析的，至少选情好像已经形成这样一个基本的态势。的确，多数的观察家预测蔡英文当选的概率非常高，而且很可能是以过半的高票当选。另外就是看民进党在"立法院"能不能掌握多数席位，这个其实也很关键。如果民进党既掌握行政部门又掌握立法部门，蔡英文会是台湾地区自李登辉以来最强势的"总统"，而且民进党过去的一些派系大佬经过这一波浪潮的冲洗以后，大概都会边缘化，所以在党内也没有牵制她的力量。

主持人（于志刚校长）：因为时间的关系，提问环节到此结束。我想各位还有很多问题要与朱先生交流，如果有机会的话，建议各位看一看《高思在云》这本书。今天提到的很多问题，在书中都有更具体精辟的阐述。

今天下午，朱云汉先生用了将近110分钟的时间给大家做了一个非常精彩的报告，听讲的过程中我写了很多的感想，因为时间的关系，我不能在这里耽误大家的时间了。但是我想和大家分享胡佛先生在《高思在云》繁体版序言中的一句话，他写的是："他若干突破流俗之见的胆识、直逼问题核心的洞见、通达贯穿的剖解，以及从中所流露出的人文关怀和正义情操，使我不能不在心头感到震撼。"我想很多听众应该也有这样的感受。除此之外，我想提醒同学们注意，除了去品味、思考朱先生的演讲、分析、结论和观点，更要学习朱先生严谨科学的治学态度，因为他很多演讲用的是案例和数据，这是社会科学的一种方式。正如胡佛先生所写:既注重"致广大",又求取"尽精微",用我们通俗的话来说就是既注意宏观的把握,又注意微观的分析和求证。这也是我经常跟同学们提到的,既要能登高望远,还要能探幽入微。我想这样的方式也值得大家去体味。

　　朱云汉先生提出了这个时代的特征,给出了他的分析和判断,包括中国如何和西方世界、和全世界相处,并对中国大陆现在的发展模式给出了很多积极的肯定,也提出了若干供我们思考的问题。这些都是非常宝贵的,值得在座的特别是青年学生认真思索。我期待着大家像朱先生叮咛的那样,多做思考,多做努力,用坚定的信心,也用理性的思维和自己的勤奋努力,争取在这样一个生逢其时的伟大时代做出一点点贡献,我想这才是我们应当共同努力的。最后,我提议再次用热烈的掌声感谢朱先生!

第二讲
启蒙与爱国

主讲人：资中筠
时间：2015 年 11 月 26 日

资中筠简介

资中筠，生于 1930 年，1951 年毕业于清华大学西方语言文学系。毕业后致力于民间外交工作，并积极从事国际活动。20 世纪 80 年代起转入学术研究，方向为国际政治和美国研究。她参与创办了"中华美国学会"和《美国研究》杂志，发起并主持创办"中美关系史研究会"，任第一、二届会长。

退休后，资先生仍坚持写作与参加学术活动。她不仅关注国际问题，还关注中西历史文化与中国现代化问题。除学术专著和论文外，她还撰写了大量随笔、杂文。

讲座纲要

所谓"启蒙"，就是让理性之光照亮被蒙蔽的心智，用自己的头脑思考，根据常识判断，得以接近真理。自晚清以来，中国的爱国志士一直都在寻求救国、兴国之道，同时也是一个持续的启蒙的过程，其过程曲折而艰难。

今天，爱国仍然是最响亮的口号。爱国的内涵是什么？与启蒙有什么关系？我们今天为什么还需要启蒙？中外先贤的思想、历史的经验都值得我们汲取。

主持人致辞

主持人（于志刚校长）：尊敬的资中筠先生、钱致榕先生，老师们、同学们，大家好！今天，行远书院举办"行远讲座"第二讲。尽管天气严寒，气温比平时低了四五度，但是看到会场里这么多热情高涨的老师和同学，我感到特别高兴。大家都知道，两个月以前，我们邀请到台湾"中央研究院"院士朱云汉先生做了"行远讲座"第一讲，他当时演讲的题目是"中国如何重塑全球秩序"。对于那次演讲，大家应该记忆犹新吧，特别是对朱先生深厚的学术功底、开阔的国际视野，一定印象深刻。行远书院按照钱先生的设计，每隔一两个月就会邀请一位海内外名家，来书院开展讲座，这是行远书院教学活动中的一项重要内容。今天我们请来了另一位大家，她就是著名的国际政治和美国研究专家、资深翻译家、中国社会科学院荣誉学部委员资中筠先生。首先让我们以热烈的掌声欢迎资先生的到来！

资先生于1951年毕业于清华大学西方语言文学系，精通英语和法语，毕业后致力于民间外交工作，并积极从事国际活动。1980年转入中国国际问题研究所美国研究室，从事国际政治和美国研究工作。1985年开始，资先生先后出任中国社科院美国研究所副所长、所长，参与创办《美国研究》杂志并担任主编。她还发起并组织创办了中美关系史研究会，并担任第一届和第二届会长。资先生学术精湛，除专业研究之外，还涉猎中西历史文化，关注中国现代化问题，并翻译了巴尔扎克等多位著名作家的多部作品，不少人都很熟悉的美国作家沃勒的小说《廊桥遗梦》就是由资先生翻译的。即使是退休后，先生仍然从事大量的写作和学术活动，先后撰写了许多学术著作、随笔和散文，包括2002年出版的《读书人的出世与入世》，2005年出版的《斗室中的天下》，2007年出版的《20世纪的美国》，2011年出版的《启蒙与中国社会转型》和《自选集》五卷本，2014年出版的《老生常谈》等。特别是2015年9月，资先生又出版了新著《财富的责任与资本主义演变》。这本书综合介绍和分析了美国公益事业的发展，指出一种新的公益模式正在美国兴起，"其核心内容就是以市场的模式做公益,使公益不仅仅是无偿的捐赠,也可以是一种可盈利的事业。其目标对象当然还是弱势群体,但是不把穷人当作单纯受捐赠者,而是潜在的创业伙伴"——这是资先生在这本书中提到的。我认为介绍和剖析这样一种新型的公益模式,对于未来中国社会的可持续发展具有非常重要的借鉴意义。2006年,资先生入选中国社会科学院第一批荣誉学部委员,这是中国社会科学界的最高学术荣誉。

刚才简单介绍了一下资先生的学术背景情况,下面请资先生开始演讲,演讲的题目是"启蒙与爱国",大家欢迎!

讲座实录

资中筠:谢谢大家!这次能来行远书院演讲,我感到很荣幸。钱先生告诉我,行远书院的一个宗旨就是进行博雅教育,因为现在的教育教学、学术研究搞得太碎片化了,每个人都专注于一个很狭隘的领域,这样一方面虽然能够钻得很深,但另一方面眼界却越来越狭隘。所以我觉得,开展博雅教育确实非常重要,大家可以打通壁垒、跨学科地了解一些问题。人类从野蛮到文明本来就是不分学科的,各个学科之间应该都是有关联的。

我今天要讲的主题,是钱先生提出来的,讲一讲爱国跟启蒙的关系。爱国跟启蒙到底有什么关系呢?这个问题使我想起了李泽厚教授很早以前提出过的一个很有名的说法,即五四运动是救亡压倒了启蒙。原先,"五四"要做的事情是启蒙,但是后来由于日本侵略等各方面的原因,大家都忙着去救国,从而压倒了启蒙。对于这个说法,我也不是说完全不同意,但是我觉得从根本上讲,启蒙就是为了救国,中国整个的现代化和民族救亡的过程也是启蒙的过程。

首先,明确一下何为"启蒙"。我一直都在提倡启蒙,但是有一些人觉得你们这些知识分子自以为高明,高高在上,谁要你来启我们的蒙?所以我就要说一下,启蒙并不是说某一种人教育另外一种人,启蒙可以自己对自己进行,自己不断解放自己,不断地想明白一些事情、一些道理；同时，也可以互相启蒙。用康德的定义，启蒙就是"让理性之光照亮被蒙蔽的心智"，也就是说，让我们用自己的头脑来思考，根据常识来判断，慢慢地接近真理。所以，人类一开始就是从野蛮到文明不断启蒙的过程，就是逐渐认识原来未知的事物、未知的外部世界的过程，就是自己对自己不断地加深认识的过程。比如说，最初人类以为地球是方的，后来发现地球是圆的，这就是自己开启智慧的一个过程。有人先发现了这个事实，然后普及了这个知识，于是大家就都知道了"原来地球是圆的"，这也是一个不断启蒙的过程。但是启蒙还有一个特定的含义，就是我们所说的欧洲17～18世纪的启蒙运动。所以我想先讲一下欧洲的启蒙，再探讨中国跟这个启蒙有什么关系。

欧洲的启蒙运动，我们翻译成"启蒙"，英文叫"Enlightenment"，法文叫"Lumières"，这两个字都是"光"或"光亮"的意思，即"用理性的光亮来驱散蒙昧"。"蒙昧"这个词就是"obscurant"，是指"黑暗的"或者是"遮蔽"，"蒙昧主义（obscurantism）"相当于愚民政策。所以"启蒙"就是用光来把那个时代的黑暗驱散掉，欧洲18世纪的启蒙运动就是用理性的光明来照亮被蒙蔽的心智。启蒙还有一个对立面，就是迷信，理性的对立面也是迷信。那么它的历史背景针对的是什么呢？针对的就是教廷的专制。那个时候，天主教还没有革新，是政教合一的体制。教皇有至高无上的权力，不但管人的灵魂，也管世俗的杂事。大家都知道，很多名人比如布鲁诺，他因为讲日心说而受到了宗教裁判，被火刑处死。基于当时这样一种情况，后来人们把这一段时期叫作"黑暗时期"。

欧洲从16世纪开始，有了宗教改革，有了新教。马丁·路德的宗教改革跟启蒙的关系，其中很重要的一点是每一个人都有权解释《圣经》。所以，马丁·路德第一件事情就是把拉丁文的《圣经》翻译成各国的文字，有法文的、英文的、德文的、意大利文的……过去的《圣经》只有拉丁文版本，老百姓是看不懂的，那么跟上帝的沟通只能通过神父。神父告诉你耶稣怎么说，你就只能听他的。通过翻译，马丁·路德把解释《圣经》世俗化，就是每个人都可以用自己的语言看懂《圣经》，可以按照自己的理解去解释，这是一个很重要的进步。我后来想，这有点类似于中国的白话文运动。现在有的人攻击白话文运动，说把汉文都给糟蹋了，弄得现在的年轻人根本看不懂文言文，导致我们的传统文化大大衰落。但是我一直认为，这个白话文运动无论如何是功大于过的，因为它使得一般人能够按照自己说的话写出句子来，我怎么想的我就怎么写，写出来之后，大家都能看明白。这跟把《圣经》翻译成各种各样的文字有异曲同工之妙。这样的话，少数人就不再能利用文化专制欺骗多数人。所以我想，虽然宗教革命是一个很复杂的过程，但是这里面发展出来的，使得一般人都能够通过自己的途径去接近真理，并且开始用自己的脑子想问题的这种理念，是很重要的。再接着就是，宗教改革倡导宗教信仰自由，所以就有了不同的教派。基督宗教分为天主教、东正教和新教（后来我们称为"基督教"的是指新教）。新教后来也形成了几个主要宗派。这个教派说我是这么解释《圣经》的，那个教派说他是那么解释《圣经》的，每个派别都有不同的侧重点。当然，宗教改革直接质疑教会的权威，在这个过程中也有过流血冲突事件发生，原来把持《圣经》解释权的宗教势力不能够容忍有新的解释，就利用它原有的权力，挑起了各种各样的宗教战争。但宗教改革倡导的信仰自由、个性解放等思想在欧洲历史上产生了重要影响，为人文主义思想的传播奠定了基础。

  从欧洲宗教改革运动到18世纪的启蒙运动，实际上也是一次轰轰烈烈的空前的思想解放运动，产生了一批思想家，群星灿烂。像伏尔泰、狄德罗、卢梭、康德等大家所熟知的这些人都是启蒙运动的健将。启蒙的意思也包括倡导人的思想的解放，你可以按照自己的想法独立思考，不用追随任何一个权威的想法，而且你想了以后，就能够自由表达出来，而不受所谓的权威的束缚。这些思想家应该算是先知先觉，每个人发展了一套理论并且加以普及，经过很艰苦的奋斗，最后慢慢地形成了欧洲启蒙运动以来大家公认的一些价值观。这些价值观中，第一个就是自由。启蒙的核心是自由，这其实也是人类的天性。有人说，我们这个民族是不适合有自由的。我就想，古时候中外完全没有交通之前，不约而同都采用监狱作为惩罚人的工具，都认为剥夺人的自由是对其最基本的一种惩罚。这就说明，人最重要的是要有自由，对一个人最大的惩罚莫过于把他的自由给剥夺掉，在中国是这样，在外国也是这样。

但是，人光是有自由还不够，因为动物也都是需要自由的。你把鸟关在笼子里头，它是不高兴的。你一开笼子，那个鸟就飞出去了。那么人跟动物在自由上有什么区别呢？区别在于，人是有思想的。人的自由包括思想的自由，你脑子里头是怎么想的，这是你的自由，别人是不能够打开脑子给你硬塞进去一个想法的。但是，有两个方法可以压制人的思想：一个是不断地宣传一种东西，从小就灌输，使得他不知道还有其他的选择，与生俱来，天经地义，这是一种情况；还有一种情况，你没有办法压制别人脑子里想什么，但是你可以压制他不许说出来，否则就"以言获罪"，一说出来就要受到惩罚，这意味着表达的自由可以被剥夺，但思想是你拿不走的。

人一旦有了表达的自由，还需要传播才行。如果一个人只是自己对自己表达，自言自语是没有意义的，他总是要跟别人说、跟朋友说，希望更多的人听到他的想法，随之而来就需要有出版的自由。人是有文化的，下一步就要写东西了，写新闻、写书等，就开始有传播的需要了。如果平等传播的权利被剥夺，只有一种思想有传播的自由，其结果就是大部分人视听闭塞，又回到前面说的蒙昧状态了。人有了出版的自由之后，他还需要有结社的自由。因为思想相同的人希望在一起，不仅是为了交流，还想做一点事情。比如，我认为这个社会有某种毛病，我们想治理，那么为了讨论怎么治理才能达到最好的效果，就需要结社。经过启蒙运动，到19世纪中叶以后，约翰·穆勒（John Mill）写出了《论自由》一书，可谓集大成，从人为什么要有信仰自由，到言论自由，再到发展出来的所谓"四大自由"，就把启蒙的过程说清楚了。

另外，用什么东西来保证每一个人都能够有这样的自由呢？于是就有了民主制度。民主和自由不能无政府，如果是一个无政府的社会，它一定是遵循"丛林法则"，谁力气大，谁能把人打倒了，就听谁的。所以需要制定一些规则，需要有人管理，就有了政府。自从有了政府之后，这个政府的第一个作用，根据洛克的思想，就是要保障人的私有财产。原来在原始人的时候，比如说森林里有各种动物，它们都是无主的，你可以自由打猎或者捕鱼。但是我一旦花了力气把猎物打到之后，这个猎物就是我的私有财产，因为我付出了劳动。不过，也有人没有付出劳动，他不能自己打不到，就从别人手里抢走猎物吧。按照"丛林法则"他这样做是可以的，但后来人们觉得这样不行，就推举出一些人来制定一些规则，谁打到的猎物归谁，谁抓到的鱼归谁。然后，大家慢慢地发现，有一些人比较公平或者比较有能耐，就公开推举这些人来保障大家的私有财产，制定一些规矩，规定不许抢别人的东西，因为这东西是他付出劳动得来的。政府就是这样产生的。然后进一步发展到保护人的"四大自由"，制定出法律来。当然，到工业化社会以后，规矩就越来越多，人的社会生活越来越复杂，你的自由如果妨碍我的自由怎么办？于是就制定出各种各样的法律制度来。所以，启蒙运动一开始，就有了非常复杂的民主社会、民主制度的设计。

　　总结来说，从人的思想讲启蒙，它的含义就是把人从迷信里头解放出来，让人们有勇气用自己的理性来独立思考问题，而不是跟着哪一个权威走。比如，某个权威特别有势力，他掌握军队，或者是特别有钱，但就他说了算吗？不是这样，而是要根据事实来判断是非，不能指鹿为马，说我看到的就是鹿而不是马。不能因为你掌握权力，你说它是马，我就非得跟着你说它是马。这是一个很简单的道理，但是在欧洲经过好几百年，慢慢地才搞清楚。

　　而且，启蒙要揭发虚伪性。我们都读过许多悲剧作品，比如说霍桑的《红字》，就是讲一个女人被一个教区牧师诱奸，结果生了一个孩子。那个女人从此就活得非常耻辱，永远戴着一个红色的"A"字，可是那个牧师却还是以道德楷模形象出现，在那儿传教。故事以真相大白结尾。所以在启蒙运动的时候，提倡把这种虚伪都揭露出来，回归人性。像《十日谈》对这种虚伪的揭露就达到了顶峰。《十日谈》在当时是禁书，就是专门揭露这些东西的,实际上是主张人文主义思想,主张回归人的本性——人性。大家都要回归为一个很自然的人,人是需要自由的,人是有情欲的,不必那么虚伪。

在欧洲整个启蒙运动的过程中,有些作家的书读起来挺费劲儿的,比如说康德的书,非得下点儿功夫才能够读懂;有的人的书比较容易懂,比如说伏尔泰的书。但总而言之,这些著作所倡导的人的思想解放,当时已形成了一种理论、一个潮流。必须先把人从迷信里解放出来,然后才有后来欧洲几十年的繁荣,包括工业革命、科学革命,以至发展出民主制度,并不断对这些制度进行创新。文艺复兴从13世纪就开始了,一般来说是从但丁开始,一直到19世纪才发展得比较成熟。这里所讲的启蒙,归根结底就是说怎么样独立思考,怎么样按照常识、实事求是地看待问题,是一个解放思想的过程。

启蒙跟中国的关系是怎样的呢？中国现代化的启蒙,实际上是从鸦片战争以后所谓第一批能够"睁眼看世界"的这些人开始的。在中国当时的特殊背景之下,这个启蒙是跟救亡、救国联系在一起的,因为中国人是被打懵以后才忽然睁开眼睛看世界的。当时的仁人志士、比较关心国家的士大夫们,思考的第一个问题就是:他们怎么会打败我们？我们是天朝上国,几千年来一个很了不起的国家,怎么会一下被人家打败了呢？他们到底是什么人？他们打败我们的原因究竟是什么？所以,鸦片战争是启蒙的一个契机。中国近代史是从鸦片战争开始的,因为这些"红毛国"的人让我们打了一个败仗。可是对当时的中国人来说,这还不是最震撼的,真正震撼国人的是甲午战争。这一仗一败涂地,败得实在是太惨了,而且是被倭寇给打败的,国人实在很难接受这个事实,这使得中国朝野震动。在这种情况下,那些在朝、在野有些学问的人都在思考同样一个问题:我们怎么会被一个小小的岛国给打败了,而且败得这么惨？中国的士大夫们思考出的答案,简单说起来就是:先发现外国人的船坚炮利是制胜因素,觉得他们的武器好;然后才发现武器装备是要有工业基础做后盾的,没有工业基础谁来制造这些船、这些炮呢？同时,还需要发展经济、积累财富，不然的话就没钱买船买炮。然后，又发现，外国之所以如此发达，是因为他们有一个比较先进的政治体制。再进一步，上升到文化层面，发现外国的思想文化体制跟我们的也不一样。

如果说要发展工业、造船造炮，这在当时还比较好办，但要中国人承认别人的政治制度比我们先进，这个弯就需要经过非常痛苦的过程才能转过来。首先发现制度问题的是郭嵩焘这批人，他到国外去考察，回来以后写了很多反思性的文章，其中就提到了国外的政治制度——议会制，在这个制度下，大家一起讨论问题、做出决策，然后公推出来一个领导人负责带领大家执行，这个制度跟我们的非常不一样。他就写了很多报告出来，说现在西方的人看我们就好像"三代"看"夷狄"一样。我们被当成夷狄了，他们却成为文明中心。这个话说出来是非常振聋发聩的，所以它不能被接受。郭嵩焘回来之后就被人举报，说他崇拜西方，对朝廷大不敬，结果他就被贬了，他的报告也被封起来。所以中国本来可以早一点启蒙的，结果就晚了好几十年。最早开始觉悟的人常常比较倒霉，所以郭嵩焘后来郁郁而终。当时的郭嵩焘在思想上算是最先进的人之一，因为他能够看到这个制度问题。

还有一个人就是严复，思想也比较先进。严复是"翻译救国"的代表人物。他原本出国是去学海军的，所以下功夫学外语，到英国去留学，结果最大的贡献是翻译了一大批书。在 19 世纪末 20 世纪初，这对促进中国人的思想解放是功不可没的。除了大家都知道的《天演论》外，他还翻译了上面提到的约翰·穆勒的《论自由》，他给起的题目叫作"群己权界说"，我觉得他这个题目起得挺有道理。现在人们常常认为，自由就是谁想干什么就干什么，可以无法无天；还有某个挺有名的明星说，中国人不应该有自由，因为中国人是需要管的。这种说法本身就不合逻辑，中国人需要管，外国人就不需要管吗？如果说自由就是谁也管不了谁、无法无天，这根本就是对自由的曲解。那个时候，严复把《论自由》翻译成"群己权界说"还是很贴切的。群众跟我自己的权利界限在什么地方，这个就是自由。所以我觉得他真高明，能够体会到自由的一个核心思想，就是说我的自由不能妨碍你的自由;自由是一种权利,我享受这个权利,但是我不能妨碍别人应该享受的权利,自由的边界就在这个地方,这一点很重要。举一个简单的例子,我要随地吐痰,我说我有这个自由,我想在哪儿吐痰就在哪儿吐,可是这妨碍了公共卫生,妨碍了别人的健康,妨碍了大家享受一个清洁环境的自由,这个界限就划在这儿。不知道严复是怎么想出来这么好的一个题目。他翻译了那么多东西,《论自由》好像是1903年出版的。因为严复自己有一个想法,他认为制度的改变必须让人心先改变,他说:"民智之不开,何以共和为?"在大家都很愚昧的情况之下,你搞一个共和制,那是行不通的。所以,虽然名字不叫启蒙,但有了启蒙的思想。这个思想从哪儿来的呢?他是从西方引进的,从他翻译的这么多书中就可以看出来。

我讲一个个人的经历。我的外祖父在浙江做过地方官,最近我回到我母亲的家乡浙江德清后,才发现德清搞了一个我舅舅的纪念馆(因为我舅舅在纺织界有一些建树)。在纪念馆里我偶然发现我外祖父的一个遗嘱。其中他嘱咐孩子们说:"近时崇尚西学,汝辈生此时代,凡东西人之语言文字,及格致、算术、实业、法政之学,亦不可不跟习之。"这个遗嘱是在一九〇几年的时候写的,在辛亥革命之前。我外祖父是一名清朝官员,他叮嘱他的孩子说,你们必须学习西方的东西,不但要学算术、格致(就是自然科学),还要学法政之学。那个时候他们作为晚清的地方官就已经意识到,应该学习西方的法律和政治,也就是说中国士大夫的启蒙从100多年前就已经开始了,已经知道中国需要这样一种启蒙。

为什么我的外祖父这么早就知道这些东西呢?这跟严复翻译进来的那些书有很大的关系。我没有考证过我外祖父看没看过严复翻译的书,但是沈钧儒那个时候的很多作品明显是受过严复的影响。1903年的时候还有科举,沈钧儒在考举人的试卷里谈到过"英儒",就是英国学者。那时候考试都是要围绕四书五经出题的,考生在答卷中谈的也都是四书五经里头的东西,但是沈钧儒却谈到"英儒亚当·斯密"的著作提到过什么什么,他都已经在引用亚当·斯密说过的话了。那个时候,他怎会知道亚当·斯密呢？这也要归功于严复的翻译,这本书叫《原富》。所以,严复对中国士大夫的启蒙是功不可没的,而且严复想要启蒙的对象就是士大夫。这也是他把那些书都翻译成古奥的文言文的原因。那时候已经有白话文了,或者说是半白话,原本是可以翻译成更易懂的文字的。我也曾经看过《群己权界说》,读起来挺费劲儿的。我相信现在年轻人已经看不懂这种文言文了,非常之古。他为什么要这样做呢？因为那个时候人们看不起西学,更看不起翻译这样的事,所以他一定要说明这个东西是高深的学问,是能够站得住脚的,大家得好好学习这门学问,所以他是专门给这些士大夫们看的。这些东西确实起了很大的作用。

辛亥革命之前,沈钧儒这些人已经在浙江搞立宪运动了。而且沈钧儒当时是官员,是体制内的官员,是清朝政府派到日本去学法政的,回来之后就搞了立宪运动。所以说中国士大夫的启蒙并不晚,从辛亥革命之前就已经有了。像清末状元、实业家张謇等人,已经开始发展民族工业了,并且他也很有现代眼光。那个时候的启蒙跟救国确实是联系在一起的,所以他们干什么事情都关乎救国,如实业救国、教育救国、科学救国,还有金融救国,办现代化的银行以及兴办现代化的民族工业等,所以我说严复是"翻译救国"。

也就是说,从晚清到民国,从传统的士大夫转变为现代知识分子,中国的现代化的历史进程也是一个启蒙过程,是西学东渐的过程。我们绝对不能讳言,这种启蒙是从西学东渐开始的,没有西学东渐,就谈不上现代意义的启蒙。所以我刚才说解决中国的问题,就是从"他们为什么会打败我们"的问题开始的,先是看到了西方船坚炮利,随后看到其制度优越,最后发现其文化上也领先。

有人现在又说"五四"是民族虚无主义,给它扣帽子,认为是"五四"打倒了"孔家店"。当然我们现在重新研究儒学,这个问题,可以好好研究。在当时的那个背景之下,一种古老的观念和文化确实是、绝对是在束缚中国人的思想——你只许这么想,你不能那么想,你一有新思想,就是"离经叛道"！那你该怎么办呢？你永远只能够按老祖宗的陈规来办事。所以在当时的情况下,在文化上反传统是必然的、必须的。至于以后再慢慢去研究哪些精华还应该保留下来,那是另外一回事。总之这个启蒙的过程,就是中国从传统士大夫转变为现代知识分子的过程,然后才有民国,才有民国的制度。

先是实业救国、科学救国、教育救国……最后是革命救国,终于把清朝给推翻了。推翻清朝的这些人认为革命推翻清朝是救国之大道。那么推翻之后建立一个什么样的国家呢?就不能再建立一个王朝了,而是建立一个共和国,至于这个共和国设计得好不好、成功不成功,这是另外一回事,但起码领导人不能是皇帝了。所以袁世凯想复辟注定是要破产的,再想当皇帝已经行不通了,这也是一种启蒙。过去中国人认为"不可一日无君",皇帝没有了还得了?无论如何,就算是改朝换代也得有一个皇帝。从辛亥革命开始,中国人觉得可以不要皇帝了,可以用另外的办法推选出一个领导人来,通过选举的方式,产生一个新政府。这是一个很大的转变,这个转变也是启蒙而来的。

谈论启蒙,我觉得还有一个很重要的问题值得探讨。过去我们老认为,之所以倒霉是由于外国人侵略、外国人的欺负造成的;后来才发现,对于我们而言,最重要的是内部革新,我们最大的问题是在内部。外国人之所以能欺负我们,也是因为我们自己内部不争气的缘故,是因为我们的制度、文化有问题,能认识到这一点是一个很大的觉悟。最早觉悟到这一点的,梁启超可算其一。康梁一向并称,但是我个人认为梁启超的思想远远超过康有为。110多年前,梁启超在写《新民说》时,就把这个事情说得非常清楚了。他大体上的意思是:假如一个国家的人民在自己国内总是受压迫、受奴役,没有尊严,官员可以把他呼来喝去,一旦有外国人来犯的时候,叫他站起来为保卫国家而斗争是不可能的。就是说,先得有人民的尊严,才能有国家的尊严。所以他提到"欲使吾国之国权与他国之国权平等,必先使吾国中人人固有之权皆平等,必先使吾国民在我国所享之权利与他国民在彼国所享之权利相平等",这已经说得很清楚了。当时在国内,我们的民众是不享受平等权利的,想让他们来保卫国家、让他们来爱国,他们怎么爱?梁启超说,我们得享受跟他国国民同样平等的权利,你才能指望人民能够保卫国家,不然的话就保卫不了。他说,"为国民者而不自尊其一人之资格,则断未有能自尊其一国之资格",所以你个人在国内没有尊严的话,国家就不可能有尊严。他的思想我觉得在当时应该是非常先进的。梁启超就说得非常清楚:一个老百姓在国内,如果说他的地方官随时都可以敲诈勒索他,都可以欺压他,而他却没有保卫权益的途径,那来了外国人不也是一样吗?他也照样无力反抗,那么为什么必须要抵御侵略,豁出命来保卫这个国家呢?梁启超在《新民说》中一篇一篇地进行了阐述,说"民弱民贫民无耻",民"无耻"的话,国家就"无耻",他说得非常尖锐。所以我觉得《新民说》是振聋发聩的,在当时起了很大的启蒙作用。

后来鲁迅也说过同样的话。他说,"在诉说沦为一族奴隶之苦时,千万不要得出'还不如做自己人的奴隶好'这样的结论",就是说外国人欺负你时当然要反抗,但是不能说做自己人的奴隶就好点儿。这一点,也是一种很重要的启蒙。

所以说,爱国跟启蒙有很大的关系。如果一个人自己非常愚昧,非常迷信,只崇拜某一个领袖,那么一个外国的统治者打进来的时候,他也照样会去崇拜。外来统治者可以告诉你说,根据某种原因,现在该是我来统治你了,老百姓照样也认为这是可以的。举例来说,我曾看过一些文章谈到,现在讲抗日战争历史的时候,总是讲全民抗日如何英勇,我们的电视剧、电影都是这样讲的,比如老百姓为了掩护抗日战士不惜牺牲自己。全民抗日确实非常艰苦、非常英勇,但是当时为什么还会有这么多"伪军"出现呢?仅从人口来讲,光是"人海战术",也应该不至于被日本人欺辱到这个程度!可是每到一个地方,都会有"伪军"出现,这些可都是中国人。为什么有那么多老百姓不反抗外侮侵略而去充当"伪军"呢?这和梁启超说的有很大的关系,就是人民没有觉得自己是国家的主人,当时的中国人从来就没有过主人翁感。那时候军阀混战,哪个军阀来了,我都得听他的,他不杀我就是好事了。这个军阀稍微好一点,赋税稍微少征一点我就阿弥陀佛了,他不占我的地就已经很好了。然后又换一个军阀,也是如此。那么换一个日本人来又有什么区别呢?那个时候的老百姓普遍欠缺主人翁感,欠缺维权观念,他们的屈服行为也就自然而然了。不能把所有无权无势的老百姓都说成汉奸。他们只是顺其自然,跟着去做而已,只要侵略者还能给他一口饭吃就屈服了。我们在电视上看到的那种日军暴行,极端残暴,令人发指,这是一个方面;但是也有相当多的时候,日本人来了,他说本来你也要纳粮的,现在你给我纳粮,我就不杀你,这样就把那个地方给统治下来了,然后就弄了好多"伪军"出来。我觉得梁启超讲的是非常有道理的,百姓本来在国内就不是主人,那么外国侵略者来的时候,你也不要指望让每一个人挺身而出。但应该说,抗日战争确实也加强了中国人的民族意识和民族凝聚力,经历了抗日战争之后的中国人,民族意识要强得多了。所以说,爱国和启蒙的关系是非常密切的。

  还有一个问题值得思考,爱国跟爱朝廷的问题。从前的士大夫把爱国跟忠君当作一回事,你必须要忠于现在的这个皇帝。所以到哪一次改朝换代的时候,到末世的时候,士大夫都非常纠结,不忠君、背叛原来的朝廷就是"变节"。于是,有一种说法就叫"识时务者为俊杰",给自己一个出路,说是因为后来的统治者更加英明。顾炎武给自己想出了一个"国家兴亡肉食者谋之""天下兴亡匹夫有责"的说法。明朝亡了跟我没关系,我不为你负责,是你们这些在朝称臣的肉食者把明朝给折腾完了;可是天下的兴亡,跟我还是有关系的,我还是要负自己责任的。"天下"指的是什么?指的是道统。过去的士大夫是为道统负责的,顾炎武的道统,当然是儒家为主流的道统,所以他就引了一大段孟子言论,说现在的这些人"人心不古"等等,其结果就是他自己既不去为就要灭亡的明朝殉葬,也不到清朝去做官,而是自己躲在昆山的一个小院里头读书。我觉得他很幸运,因为当时清政府没有把他抓起来非要叫他去做官,没去理他,而且他自己居然还有一块地能够生活下去。我去看了他住过的那个院子,更觉得他是很幸运的。在两朝换代的时候,他可以这么躲起来。

但是，对于有的士大夫就不行了。清朝站稳脚跟以后，是绝对不许汉人还这么待着的，下令把他们一个个都去找出来——你必须到我这儿来做官，要不然就要为明朝殉国。所以忠君和爱国在现代的思想里到底是什么，这一点要搞清楚。

我认为国家有三个层次。第一个层次是乡土的观念，就是我生于斯长于斯，当然对它有感情，在这儿过了多少年，无论到世界上哪个地方，我都想念它，有乡愁，这是很自然的。第二个层次是民族，就是有了文化，有了历史。第一层的英文是"country""native land"，第二层是"nation"，叫民族或者叫国族，包括它长远的历史文化。民族文化浸润越深的人，对这个民族越有感情，到世界哪个地方都会想到"我是中国人"。我在美国遇到过不少已经在国外定居的老一代人，都是受中国传统文化影响非常深的一些人，他们在国外总是格格不入。虽然他们经济地位等各方面都还不错，但是总觉得自己还是中国人，总觉得在异国他乡有一些格格不入的地方。但是再往下一代就不一样了，因为他们没有这么深的民族情结，完全可以比较快地融入所在的国家，自己慢慢连中国话也都不说了。所以这个"nation"是一种爱国，不管是谁执政，我都爱这个国家，我都怀念这个国家。这不光是一种乡土的观念，还是一种文化和历史的观念。而且中国真的是一个文化非常悠久、历史非常丰富的民族，所以人们才会有这种民族观念。第三个层次是政权，在过去就是指朝廷，你是明朝的人就忠于明朝，你是清朝的人就忠于清朝，忠于皇帝。后来可以以爱国的名义推翻朝廷，就像当时辛亥革命推翻清朝一样，一批志士为了救国，就不能忠于清朝了，他们要做的是推翻它。我的外祖父就有一种非常矛盾的观念，对我舅舅说："我是'食君之禄'，只能忠于清朝。但是你们不一样，你们还没有'食君之禄'，你们认为怎么样对国家最好，就可以怎么去做。"他已经看到这个清朝行将灭亡了，就鼓励他的孩子去迎接新的国家，不管这个国家叫什么名字。但是，他觉得自己已经"食君之禄"了，就不能背叛这个朝廷了，这是一个传统的观念。从"食君之禄"到"是纳税人养活我"，这是一个很大的转变，这也是一种启蒙。以后就是说,我是纳税人,我对这个社会也做出了贡献,很多人也都做出了贡献,不是朝廷或哪一个皇帝养活我的,所以我不必对他负责,这是一个很重要的观念。

辛亥革命的时候,孙中山所领导的这批人,以爱国的名义推翻了清朝,他们不认为忠于清朝算是爱国。后来共产党革命,以爱国的名义推翻了国民党政府,他们也认为自己是在救国。这就是说,一个政府、一个政党、一个政权不一定能够永世代表你所爱的那个国家。你爱的是这个"nation",你希望民族不要沉沦,希望民族要振兴,希望这个国家富强,希望我们的人民都聪明起来,不要永远在蒙昧里头,这是真正的爱。至于说哪个朝廷,从顾炎武开始已经说了,我不为你负责,保卫明朝江山是"肉食者谋之",你们自己折腾完了,庙堂已经不是朱家的了,但朱家一家跟我没有关系,愚忠和真正爱国的区别就在这里。所以说,启蒙跟爱国有什么区别呢? 就是有这样的区别。

上次钱先生让我拿一些文章给大家看看,我就挑了一篇《关于法西斯主义的教训和启蒙的关系》。因为我曾经心血来潮,认真看了一下希特勒的《我的奋斗》,从头到尾研究了一下他到底是什么思想。我们都把希特勒看成狂人或者在电影里的那种疯子、恶魔,其实他是有一整套思想的,而且这个思想离我们并不远。他之所以能够成功,一定是有很多人拥护他,其中绝大多数是德国人,特别是年轻人都拥护他,他才能够成功。不管是专制也好、民主也好,老百姓全反对他的话,他是无法得逞的。那么他的这套思想为什么能够在德国掌控那么多群众呢? 他认为大日耳曼民族优越于所有其他的民族,就让人相信这一点,然后以一种完全排外的民族主义的思想来团结所有的人。当然,他的思想还不止这些,还有很多,现在我没有时间仔细讲。总之,启蒙不够的时候,自己独立思考、自由思想不够的时候,很容易被某一种理论所掌控,产生迷信。后来阿登纳在回忆里讲到,说德国人之所以曾经一度被法西斯主义蒙蔽,追随希特勒,其中有一个原因,是德国人的个人主义不够。因为我受的教育是"个人主义是万恶之源",个人主义是个坏东西,当时我看到这个说法的时候,不明白他给出的"个人主义不够就导致追随法西斯"的分析。后来我慢慢自己启蒙自己,也就明白过来了。所谓个人主义不够,指的就是个人独立思考、个人维护自己基本自由权利的意识不够,而被"一切服从于大日耳曼民族的利益"的这个思想压倒了,说穿了这也就是我说的启蒙不够,趋于愚昧。

幸好德国的发展还有另外一条线,德国的传统不仅仅是民族主义或者专制的这一条线。德国是欧洲的一部分,也是宗教改革的发源地。18世纪的启蒙思想在德国也是有很大反响的,当时还有康德,还有很多启蒙哲学家出现。后来德国能够反省得比较彻底,应该跟它启蒙的传统有关系。而日本缺乏启蒙的传统,我是这样认为的。所以启蒙跟爱国是有关系的,而且往往容易在某一个时候,统治者以爱国的名义压倒启蒙,以爱国的名义使人民的思想归于蒙昧。

我们国家最近的、也是我认为的一次大的启蒙,就是1978年的真理标准大讨论,打破了"两个凡是"的思想枷锁。这是近代以来的一次大的启蒙。从那之后出现了好多过去认为根本不可以做的事情,或者是不可以说的话。那一次真理标准大讨论,虽然到现在为止,我认为仍很不彻底,但还是对我们现在产生了很大影响。比如说我能够坐在这儿跟大家说这些话,在那之前是不可能的。在"两个凡是"没有被消除之前、在真理标准的大讨论之前、1978年之前,我不可能在这儿做报告,我也不可能有这个思想。我这几十年走过来,也是一个启蒙的过程——自己给自己启蒙、与别人互相启蒙。我看了别人写的很多文章,发现原来还有这么一回事,还可以从这个角度思考一个问题。近代史领域里的一些专家功不可没,他们发现了很多新的材料,打破了过去我们的一些成见。比如说,李鸿章一定是卖国贼,现在已经有很多人给他平反了,他其实是属于晚清非常有见解、有先进思想的那类人。所以说,我们被启蒙了,当然也包括我自己。我也非常希望能跟大家分享我想明白的一些事情,这就是互相启蒙。

关于欧洲的启蒙运动,实际上我本人并没有很多的研究,我已故的老伴陈乐民对此有相当多研究。他有一本书叫《启蒙札记》，包括康德、伏尔泰这些人，一篇一篇都有一些讲述。假如有人对欧洲的启蒙运动有兴趣的话，还可以看看像《欧洲文明十五讲》之类的著作，他对这些问题都有研究。至于我自己，刚才于校长提到了我的一些作品，我在2011年出版了一套五卷集叫《资中筠自选集》，分类来讲不同的内容，有讲国际问题的、有讲文学音乐的、有讲人物的……其中有一卷是讲知识分子的，叫作《士人风骨》，这是和启蒙有关系的。文章中讲了知识分子自古到今的演变过程，其中包括五四运动，有对"五四"新文化运动怎么看、文化跟制度的关系这一类内容。这是这些年来自我启蒙过程中想明白的一些事。

另外，我觉得启蒙并不是一蹴而就或者一劳永逸的。其实，人的思想是在不断发展的，所以我就算到这个年龄，也不认为已经想到头了，也许再过几年还会觉得"今是而昨非"，有一些新的想法出来，或者看到世界有一些新的变化发生。其实这个世界就是在不断变化的，我们常常对外部世界的看法有某种成见，比如说对西方民主，认为应该就是这样那样的，然后西方民主出了问题、西方福利国家出了问题，就说明他们制度不行。其实这种制度、这些国家也是一直处在演变的过程中。100多年以前，就是1900年列宁写《帝国主义论》的时候，他预言的西方是要没落、灭亡的。他说的那些现象并不是不存在，到垄断资本主义的阶段，竞争也就乏力了，贫富悬殊扩大，等等。但资本主义有一个特点，就是它留下一个自我纠错、自我改造的余地，就不断地在改良。

我是研究美国的，欧洲暂时不说。1900年以后，就是19世纪跟20世纪之交，美国就有一个进步运动，带来了很大的改变。如果没有那一二十年改革的话，美国整个20世纪的繁荣富强是实现不了的。所以那个时候列宁说，老罗斯福在美国所做的一切都是在拯救资本主义，他是作为贬义来说的，但是实际上老罗斯福真的就拯救了资本主义，然后才有了美国近100年的繁荣。那么到了现在，它又出问题了，于是还在继续进行改革。刚才提到，我最新写的这本书《财富的责任和资本主义演变》,"资本主义演变"是资本家自己用的词。那些大资本家说,他们现在要"evolution of capitalism",就是要"促资本主义的演变",他们又在改革了。为什么我要做这方面的研究呢?因为我感觉到,现在资本主义又进入一个新阶段,他们已经意识到自身有很大的问题。我们批判他们用的话语,他们自己理解得比我们还深刻得多,而且有各种数据来支持现在出现的财富向少数人集中的危机。所以,现在他们也在进行新一轮的改良,在这个改良过程中,出现新的启蒙思想。对于原来的资本主义,很多人有自己的看法,有一些人觉得过去认为的一些天经地义的事情是应该改变的。所以人类是在不断地自我启蒙、不断地演变,启蒙换成行动的时候就是制度的改变,在这个过程中,没有什么事情是千秋万代一成不变的。

我现在先讲到这儿。谢谢大家!

互动环节

提问:资先生您好,我是法政学院的一名学生,专业是社会学。我的问题是这样的,刚才资先生讲启蒙往往可以引发个人对自我的反思,这样才更能够在一定程度上推导出一种个人主义。如果我们今天看现代文明社会的话,那么个人主义的一个基本底线,就应该是一种权责对应。而如果我们共同接受了这样一种权责对应,再来看这个世界的话,就会发现其实人人都应是平等的。这样的话,我们更加会推导出一种世界主义。

我想问的是,爱国和启蒙之间是否存在着某种张力?我们又如何处理爱国和世界主义之间的那种潜在的反向力呢?

资中筠:首先我觉得爱国和启蒙不存在张力,你要是越想越明白,你就对国家越好,这是真正的爱国。启蒙我刚才说了,就是把事情想明白,实事求是,一就是一,不要指鹿为马,就是这样的一个意思。你越爱这个国家,应该越明白这个国家怎么样才是真正的好,所以我不认为存在张力。

还有，我们现在所谓的普世价值观，"价值观"这个词本来也是外国词，我们叫"伦理道德观"，比如说一个好人、一个坏人，全世界的标准实际上是一样的，如果你一天到晚搞坑蒙拐骗，当然全世界都认为你是坏人，是吧？比如说，勇敢在全世界都是美德，这种情况我觉得应该是普遍的。

提问：资先生您好，我是海大一名思想政治理论课的老师，在我教的课程中有一章专门讲爱国。我也教过西方哲学史，也讲过启蒙运动。这里有两个问题请资先生来指点一下。

先生刚才讲爱国，国家有三个层次，包括乡土层次的"country"、文化历史意义上的"nation"，还有政权意义上的"state"。我想是不是爱国的"国"更多指祖国好一些，感情层面的爱国是不是更好一些？因为我一直是这么跟学生讲的，我不知道这些年有没有讲错。（笑）因为我想一个国家层面，可能更多的理解是一个政权层面，跟"state"更相关，是不是爱国的"国"理解为祖国更好一些？

资中筠：这当然很好了。"爱祖国"是很笼统的说法，固然是很好了。我刚才讲的就是说发生矛盾的时候怎么办，是几个关键。比如说清朝晚期是一个情况，然后到辛亥革命后又是一个情况，比如说明朝跟清朝易代之际是怎么样体现爱国，平常说的爱国当然就是指的爱祖国了。

提问：就是说祖国是属于三个层次中的哪个层次，您认为怎样理解比较好？

资中筠：我觉得祖国是指"nation"的层次。

提问：好，谢谢！然后第二个问题，您一直谈的"启蒙"，更多可理解为一种思想的解放。其实我们讲的这个启蒙运动是西方经历了文艺复兴之后，然后又经历了一个欧洲大陆的理性主义、英国的经验主义，到伏尔泰、孟德斯鸠、卢梭这里才有了启蒙运动，后面才有"运动"这个词。

资中筠：那个"运动"的说法是中国强加于它的，他们自己从来没叫过"运动"。

提问：那您的意思就是说文艺复兴也是一次启蒙吧？

资中筠：启蒙的过程就是这么过来的，就是人慢慢地、慢慢地就解放了。

提问：就是说每一次思想解放都是启蒙？

资中筠：对，就是这个意思。

提问：我对这个理解有点困惑。

资中筠：就是没有谁发动一个运动，没有这样一个说法。

提问：明白。再问一个可能跟今天的讲座也有关联的问题。因为我看过先生很多书籍，包括《美国十讲》，也读了好几遍。我在课堂上讲爱国、讲中美关系这一块，是很现实的一个问题。现在中美关系很复杂，我想请资先生判断一下，21世纪中美两国如何共处？中美两国是否会有冲突？如何看待中美两国发展的一个前景？谢谢资先生。

资中筠：首先这个问题我回答不了。但我认为是这样，不管哪两个国家，非共处不可。我不能够想象21世纪再发生大的战争，因为如果发生大的战争的话，导致的必然是人类的毁灭。中美之间是绝对不能打仗的，因为每到关系紧张的时候，大家都还是想出一个办法来又缓和了一下、妥协了一下，一般国际关系都是像这样紧张一下缓和一下、紧张一下缓和一下的。

还有一个问题就是确定自己的国家利益，领导人认为某个利益是国家利益，并不一定是真正的国家利益。美国一天到晚想领导世界，这个观念是改变不了的，至于它能领导世界多少年，这个还很难说，但是现在应该客观地判断，相当长的时间还是它领导。那么刚才我讲到，不仅仅是由于美国船坚炮利、军事力量很强，而是因为它的制度创新还在进行中。关于《资本主义的演变》那本书的意义，我认为就是你们必须要注意到资本主义国家还在进行制度创新。制度创新开始是在英国，英国的制度创新能力是很强的，只是它的实力不够强，因此总是它先出一个思想苗头，然后在美国大行其道，这个问题应该予以注意。如果一个创新能够成功的话，再看它能否稳定二三十年，就证明资本主义有一个新的演变,这个演变的过程使得它更加趋向平等。如果贫富悬殊的问题能够解决一点,能够缓和下来,那么它可能还能够领导世界。如果那些问题继续恶化下去,就是分裂、撕裂那个社会,那问题就大了。

我经常提倡研究国际问题要看主要国家的内部演变,而不光是看外交上的互相访问、互相谈判以及一些文件的出台。比如说中国从1978年以后的改革开放,使国内出现了一个非常重大的演变,它才能够改变国际关系。整个国际关系以及东亚形势的改变,是由中国内部改变引起的,而并不是由中国外交政策引发的。我是这样认为,对于美国也是这样。

提问:资老师,我是中文系老师,我叫徐妍。我感觉今天是让我能够忘记严寒的一个日子,我想有这种感受的不光是我自己,因为我们的老师们能够在这样的天气,还提前半个小时到这儿,期待着资先生到来,都是带着这样一种热切期盼的情感来的。当然这种情感是因为资先生自身的魅力。我的问题是:您说从鸦片战争到现在的启蒙,那些先觉者都是从西方引进的思想资源,也包括您受到的启蒙。他们都是发自内心的、理性的爱国者,在这一点上,我个人是非常尊敬的。但是有一点,我更钦佩的是鲁迅先生,也包括您所具有的一个特点,就是双向的质疑。在引进西方文化的同时,鲁迅也在质疑西方文化;在批判中国文化的同时,又有所留恋。所以在一个世纪之后,我们对西方,尤其以美国为中心的西方文明,包括政治体制,会有新的看法。在我今天看来西方是流动性的,就像您刚才所讲的一样。这个流动的变化或者说一个非本质的变化,在今天是不是带来一个很巨大的绝望感?我可能也受鲁迅影响,认为这种情况是绝望的,但是也是一个体验,就是西方的双重标准使我凭借个人的经验不可能完全信任它。西方的自身修复能力非常好,我承认,但是它对外部——我们如果用一个常识判断的话,它的双重标准可能是个不争的事实。在这样的情况下,我会转向我的祖国。

我特别想请教资先生,在今天从中国的文化资源上,有没有修复自身的一种可能性？谢谢您！

资中筠：我觉得你似乎把好多事情都混在一起了，我再说一遍启蒙的意思：我们应该独立思考，并且要保卫我们独立思考的权利；而且保卫这个权利的同时，要以不危害别人为原则。

你说的美国对外政策的双重标准，这和我说的是两回事情。当然美国的政策有很多我不赞成，昨天我还提到，比如发起伊拉克战争，捅了这个马蜂窝，弄得如今全世界糟糕透了。美国的政策可批评的东西太多了，这个跟我说的启蒙运动源于欧洲启蒙给我们的思想资源不是一回事。你不能因为美国现在的霸权主义，政策有很不好的地方，认为我们就不要自由平等，不应该追求社会的公平和正义，这个我觉得完全是两码事。

第二，我从来不认为我们的传统文化、我们几千年积累起来的很多文化都应该全部被否定掉。比如说鲁迅，他对传统文化的成见是非常深的，但这是他在所处那个时代而产生的切身感受，其中有一部分糟粕的确是要不得的。比如他对中医特别地反对，因为他爸爸就是被不合格的中医误诊而死的。我认为也不能因此就认为中医一无所取，中医有很多非常好的地方。

另外，我们没有必要一定把中国文化和西方的东西对立起来。我刚才讲，普遍的东西，中国人认为是美德的东西，全世界都认为是美德，因为人类有共同的东西，这一点毋庸置疑。这跟美国的政策毫无关系，美国干很坏的事情，但这是另外一回事。这也正是现在我们被蒙蔽的一种思维方式，凡是西方哪一个国家干了一件坏事，我们就觉得普世价值不好，不能要了。照这个思路启蒙也不要了，自由平等也不要了，其实这个完全是两回事情。

另外，我们当然应该从中国自己的资源里获得启发，博采外国的所长，建立我们自己新的思想。但是其中有一点必须承认，人类是发展的，而欧洲恰好当时是处于500年最先进的时候。无论哪一方面，从思想到制度到科学，恰巧那500年是欧洲最先进的时候，所以在19世纪中叶的时候,发现有一个比我们更加先进的世界,我们要从中吸纳很多东西,以便改进,以实现我们的复兴,这个是另外一回事情。

所以我觉得美国在外头干的"坏事"跟这是完全两码事。因为美国干的"坏事",就不要启蒙了,这种思维逻辑很奇怪。我们不要把这两个连在一起。

提问:这个我同意的,政策和启蒙本身是不一样。但是我的感受是,今天,任何一个诚实的概念其实都受到了遮蔽,包括什么是自由、什么是民主、什么是启蒙,很多概念实在太复杂了,仅仅在一个西方的体系内来看这个概念,它有一面的东西,但是今天的中国处于变化非常大的时候,不能把它的政治政策完全和它的文化分开,我是这么想的。

资中筠:我觉得人不要把事情弄得太复杂,我们往往喜欢把好多简单的事情复杂化,我说的启蒙就是你自己独立思考,你觉得一是一、二是二,不要看眼色行事,然后自然你就会慢慢回到你自己,你对很多问题的判断就不一样了,就是这么回事。不是一天到晚老是想着西方东方,我也很厌倦这样的一个说法,因为我从小受的教育,从一年级开始,就背诵《礼记·礼运篇》,"大道之行也,天下为公……"后来我开始学英文的时候,又读美国的《独立宣言》什么的。我们小学课本里有很多公民教育,也讲自由平等,也讲仁义礼智信,我没有觉得过这些有什么冲突。后来慢慢形成了我们这代人常有的一些观念,一些是非观念,就是说什么事情是"君子不为也",不管是中国君子还是外国君子都不能这么做的……我觉得本来就没有必要非要把它弄得非常对立。现在之所以把它弄得非常对立,都是政治惹的祸,而不是思想的问题。

主持人(于志刚校长):最后一个问题。

提问:特别感谢于校长把最后一个宝贵的机会留给我,我是工程学院动力工程专业的。可能以前没有更多地关注人文这一块,我刚刚听完资先生的讲解,至少听明白了一件事:启蒙是一个自己独立思考、想明白很多事的过程,对不对?

资中筠：对。

提问：那么我就有这么一个疑问，从我的感受来出发，观点的角度比较小，就是很多时候我也有很多自己得出来的思考的结果，可能会把它分享在公共媒体上面。我把自己的观点发布在自己的社交平台上面，却遭到了很多人的反对，包括我的老师也提醒我，不要发跟宗教相关的东西。那么这个时候我做的事情是不是一个自我启蒙？如果是的话，我想请问，资先生可能也有这样的经历，在听到这些很刺耳、很直接的，反对与伤害你的声音的时候，你是怎么来应对的？为了让自己更好地去做自我的一个启蒙、独立思考，你是如何寻找一个圈子跟他们一起来讨论、认真地思考某些问题的？谢谢！

资中筠：是这样，你有权利对某一个问题有自己的想法，但是如果你说到的问题牵扯到政治问题，牵扯到国家的政策问题，这个是不可以随便发表意见的，但是你可以心里这么想，你有权利这么认为，这个是另外一回事。另外碰到人家骂你的时候，你别理他就完了，我向来采取这个办法。（笑）

提问：谢谢！

主持人（于志刚校长）：因为时间的关系，这次交流活动就到这里了，将来还会有多种方式继续交流，而且我们或许还会有机会、有幸请资先生再次来做演讲。我简要地谈一谈我的体会。今天资先生用非常深入浅出的语言——这特别适合于我们以理工科为主的这所大学的老师和同学来听，在中西视野下，非常概括地回顾了欧洲启蒙运动的历程，回顾了中国从西学东渐到辛亥革命、五四运动，一直到三四十年前开始的改革开放的历程，而且特别剖析了启蒙和爱国的关系。

我想我们对启蒙的理解，印象最深的、最重要的一点应该就是独立思考、理性思维，资先生也反复讲到了这一点。而且，我们钱先生在书院里也经常讲同样的观点，就是要经常自我反思。借用资先生的话就是说，启蒙不仅是相对于一个民族、一个时代、一个群体而言，也可以更多的是相对于我们自身而言,要不断地进行自我启蒙,这一点对我们来说是非常有价值、有启发的。今天我们的交流中有很多精彩的互动,大家的观点或者说表述不可能完全一致,但是我觉得这种交流和碰撞是非常有益的,因为我们今天的任务不是去得出某个结论——实际上也不可能得出某个结论,而是大家一起来交流思想、启迪智慧。

资先生给我印象最深的是,精彩论述了启蒙与爱国的关系。如果说有些东西我以前一直没有想得那么清楚,那么今天这个演讲让我想清楚了。在此,我想把我的一点感受分享给同学们。钱先生曾讲过,他们这些老一辈的、特别是在台湾地区的同仁们讲,我们过去叫"天下兴亡,匹夫有责",现在应该说"天下兴亡,我有责任"。刚才资先生也特别讲到了顾炎武先生的这句很有哲理、很有智慧的名言。梁启超先生在《少年中国说》也说过,"少年强则中国强",讲明了青年人和国家的关系。我们今天大概也可以说"个体强则国家强",所以同学们平时要多多读书、好好学习,学会不断地反思、独立地思考,把自己的本领练好,养成一种健康、科学的思维方式,我们的国家才能够更好。我们的国家好了,我们的世界才能够更好。我想同学们应该有这样的学习与成才意识。

因为时间的关系,今天的交流就到此结束。让我们再次用热烈的掌声感谢资先生,也感谢老师和同学们!

第三讲
博雅——海大的行远之路

主讲人：钱致榕
时间：2016 年 4 月 1 日

钱致榕简介

钱致榕，美籍物理学家，1969 年起执教于美国约翰·霍普金森大学。钱先生长期在中美推动教育改革。1981 年，参与南京大学—约翰·霍普金森大学中美文化研究中心的创建工作。

1988 年，钱先生赴港协助创立香港科技大学，任理学院院长及创校学术副校长。2009 年，受聘于我国台湾政治大学，担任讲座教授及博雅书院总导师，推动文理兼通的博雅教育。2015 年 5 月，受聘为中国海洋大学顾问、特聘讲席教授、行远书院院长。

讲座纲要

"海纳百川，取则行远。" 2015 年 5 月，海大决定成立行远书院。作为教学改革的"特区"，就人才培养及博雅教育方面，探讨改革的方向，培养行远的人才。本着"课程要一门一门地建设起来，人才要一个一个地培养出来"的原则，书院从现代社会人才需要出发，积极着手课程建设，发展出一系列"宽口径""通中外"的课程，旨在培养文理兼备、能够思考、有宏观见解又有微观解决问题能力的通才。

经过一个多学期的探讨与实践，行远书院就博雅教育理念、师生教学及学习心得，与海大人交流分享。

主持人致辞

主持人（李巍然副校长）：今天我们举办这样一个报告会，就是要请钱院长向大家介绍一下行远书院这段时间以来的工作以及取得的成绩，并请行远书院的同学们汇报一下他们在学习中的所感、所悟、所得。有请钱致榕院长做演讲！大家欢迎！

讲座实录

钱院长：于校长、海大的各位同学们，很高兴今天有机会来做这个报告。今天的题目是修斌院长建议的，就是"博雅——海大的行远之路"。中国海洋大学行远书院，简单讲，是2015年5月14日在于校长的牵头组织下成立的，我特意把照片（图1）留下来，"始作俑者"是不能忘的。那次，我真正体会到了海大的实干作风。

图1　2015年5月14日，中国海洋大学举行了行远书院揭牌暨钱致榕先生授聘仪式

我第一次到山东来是1980年，那时候把全国跑了一遍。后来在北京，我告诉当时的万里副总理两个感想：一是，我认为当时山东的基础建设是全国最好的，高速公路造得很好，比江苏好很多，所以山东经济快速发展是必然的；另一个感想是，那时我担心，如果文化落后的话，常常会给经济发展带来一连串的副作用，可是山东我比较放心。我从曲阜一直

跑到淄博,再到潍坊,觉得这个省的民风可能是全国最淳朴的。万里副总理告诉我说,齐鲁遗风还在,所以虽然经过了十年动乱,却并没有受到太大的伤害,我想这也是非常值得庆幸的一件事情。

从去年到现在,我来山东大概30多次,有一大半时间是在青岛度过的,深深感觉到这里的人实在是很棒。我们从前说,如果用一个字来形容中国的一个地方、一个城市的话,东北是"憨",北京是"霸",上海是"刁",苏州是"妩",杭州可能是"秀",那么山东就是"朴"。我印象中这里的人很纯朴,可是又豪放,做事动作很快。我当时没想到,在校长支持下,行远书院成立才一个礼拜就招生了,而且招生当天就开讲第一堂课。上课是一件大事,找主讲老师、做课程设计等,要做很多前期准备。但校长坚持马上行动,一切紧锣密鼓筹备,第一堂课顺利开课,这可能就是海大的作风。我回去以后把这件事情告诉我家的"书记"①,说以后在海大做事可能会很痛快。她一听就明白了,说那我们下半辈子岂不是"惨了",做事那么痛快的话,会一件一件做不完,越来越多。

回顾起来,书院5月20日就上了第一课,7月份进行了第零期的培训。其实,当初招零期学生是突然决定的。我第一次到海大做报告的时候,很多同学对博雅的理念非常认同。有一个同学就问了几个问题,第一,博雅听起来很好,可是为什么现在才办?这是非常好的一个问题,不过我教书教久了就晓得,有些问题不该我回答,我说这个"应该去问你们的校长,问你们的书记"。他讲,"既然校长决定要招了,为什么不立刻招,何必非要等到9月份新生入校再招?那时,我们在校生就丧失机会了"。当时我跟校长商量了一下,校长拍板立刻招生。于是在计划之外,我们招了第零期学生。当时一切资源都没有,第零期同学最初只招了20个。可是一看,中国人才真是多,每个都好,都让我们割舍不下,所以最后招了25位,比预定增加了25%。第零期招生后,根据于校长的指示精神,加紧准备开第一课。7月14日开始,我们把同学们留下来,进

---

① 钟月岑,台湾"清华大学"教授,钱致榕先生的夫人。

行了两个礼拜的培训。这次培训对同学们影响是非常大的。当时,我们思考最多的,是如何让教学效果最大化。到去年 9 月 19 日,第一期招生完成,完成第二天立刻开始上课。到今年 3 月 7 日,继续开课。今天我代表行远书院的师生们,向诸位来做一个进度报告,希望能够听到大家的建议跟批评。

首先,着重介绍一下行远书院的理念,这一点是最重要的。然后讲讲学生情况,接着讲一下师资情况,最后讲讲书院的管理与服务。首先,"博雅"是我们的理念,整个书院都在围绕着践行这个理念运转,我们不但要对学生实行博雅教育,并且还要把博雅教育的方法、规则、标准等琢磨出来,希望能够把博雅教育的理念、模式向全校推广,深入办好通识教育。

第二,培养学生是我们的目的。没有学生的话就不需要办行远书院,也不需要办海洋大学,不需要办"211""985"高校。所以我想,作为大学教授,必须要经常提醒自己一件事——勿忘初衷。当时我们为什么到学校来?为了培养人才。社会为什么要花这么多钱办大学?为了未来的社会培养人才,解决问题。所以我想,全校的工作都应该围绕着学生转,永远从学生观点去思考,不是从学生的爱好,而是我们作为长者,作为有经验的老师,判断出他们的需要在哪里,应该怎么教。

再就是教师。教师是大学的灵魂,也是行远书院的灵魂。当这些灵魂美丽纯洁的时候,学生自然会美丽纯洁;假如说教师也开始急功近利、斤斤计较的话,培养出来的学生也会急功近利、斤斤计较。我的教书生涯已有 50 年,前后教出的学生已有一两万,经常听到老师讲"老师是一代不如一代""学生一代不如一代"……最初我也是那么讲,后来仔细想了一下,也不见得是"一代不如一代"。的确,一代跟一代是不一样的,因为时代在变。所以,是"一代不如一代",还是"一代比一代强",主要是看我们怎么来教。毕竟,很现实地说,今天的年轻人、大学生,成才也好,不成才也好,20 年以后,我们都得把接力棒交出来,交到他们手上。我们祷告上苍,希望他们成才;我们祷告上苍,让他们有比我们更强的解决问题的能力,希望他们可以把我们这一代解决不了的问题一一解决。所以,怎样培养这些年轻人是很重要的一个任务。假如说今天培养出的人才,20年以后不能为社会解决问题的话,社会要受害,我想在座的老师们也会受害。因为到那时候我们的终生"俸禄"也会出问题,因为我们退休以后都要靠社会的支持、靠国家照顾。国家发展上不去的话,大家都要遭殃。所以作为一个老师应该有切身之痛,同时站在一个知识分子的立场,培养好年轻人更是我们的重要责任。

最后讲讲行政,非常重要的一点。行政是我们的肢体,没有肢体的话,再美丽的灵魂也施展不出来。我们常常警告自己,灵魂跟肢体不能分家,所以行远书院要求,所有搞行政的同仁也好、同事也好,全程都要参加教学工作,所有的课程都要去听。这样的话,我们的行政工作就有了第一手资料,知道老师们在教学中碰到了什么样的困难,学生碰到了什么样的困难,主动提前去解决,而不需要到开会的时候再去解决,而且也只有这样,我们才知道我们忙了半天是为什么在忙。

接下来,报告一下行远书院现在的学生情况。目前,我们的学生来自12个学院、33个专业。在此首先要向鱼山校区跟浮山校区的同学们表示一下歉意,书院目前只招崂山校区的学生,原因是住宿的问题,假如住在浮山到这边来上课的话,时间上赶不及。曾经有一个同学是从鱼山校区来的,他跟我谈了很久,觉得自己可以应付这个问题,所以当时我们就收了他。结果两个礼拜以后,他跟我讲实在是太困难,要求退院。我们总觉得这是非常令人惋惜的一件事。我想,书院不管做什么事,都应该坚持宁缺毋滥,凡事我们要么不做,要做就全部投入,把它做得好,然后再把经验推广。所以,以后书院招生怎么样,那是以后的事,目前先在崂山校区招生。原来预定第零期招20名学生,后来我们跟校长谈了以后,扩招到25名。第一期原计划招30名,后来招了37名。原因是一到招生考试的时候,大家惜才如金,这个学生精彩,那个学生也精彩,就多收了。

顺便再谈一下招生录取的标准。这一点可以仔细探讨一下,我们不一定要采取一般的学校的那种录取方法,因为这完全是选修的课程。中国一向是靠考试来录取,问题就是考试是不是能够真正把精彩的人选出来,这一点值得长期从事教育工作的人好好检讨。台湾地区有一位"总统"叫马英九,很多人说他能力不行,不过马英九是全台湾最好的学校——台湾大学毕业的,当年台大实力相当于清华跟北大加起来。我记得我考大学那一年——1956年,56000名高中毕业生第一志愿都是台大。台大那年才招1000名学生。这1000个名额里面还有几百个是侨生保留名额,所以56000名学生里面只招几百人,当时竞争激烈到那个程度。马英九就是在那个学校毕业,读的是学校最强的专业之一——法律系,毕业时又名列前茅,毕业以后考试也是第一名。然后,他去了美国一个不坏的大学——哈佛大学留学,也念了一个博士学位,并且念得扎扎实实。前几年,当大家都批评他的时候,我把他的博士论文调出来。那是一篇非常精彩的论文,研究的是钓鱼岛的历史法律地位问题。可是当他当了台湾地区领导人以后,很多人都认为他不称职,认为他的操守很好,但是能力有问题。我举这个例子的目的就是说,那个代表了台湾地区50年来教育制度跟考试制度产生的最好的人才,却未必能够解决问题。海峡两岸的教育制度其实都差不多,我们的大学都是1907年就定了学制,沿用到今天,学生都是通过考试上大学,只不过考的是不同学校而已。我们的考试跟分数是不是能够选拔出真正的人才呢?所以,当时我们考量的很重要的一点就是,因为在书院这样的机会非常少,我们希望把名额留给最能够利用这个机会的学生。假如说有一个学生是高考状元,我们觉得他可能不一定要参加行远学习,因为他参不参加行远都是系里的尖子生,在学习方面我们可能帮不了多少忙。可是,假如他觉得念书不是为了分数,而是想让探求知识的真谛、生命的真正意义,进而树立起社会责任并带动其他方面发展的话,那我们就会很欢迎他加入,因为他可以好好利用这个机会。另一方面,假如有同学因为来自边远地区或者条件比较困难的中学,考大学时的分数也比较低,可是如果他真正想来学点东西的话,我们觉得有义务教给他。所以当时书院的考试是非常复杂的一个程序。说到底,我们最后招了37个人。

从那以后,我慢慢体会到一点,就是要把所走过的路向大家报告一下。当时我们招完生后以为这项工作就到此为止,可是没想到后面还有"漏网之鱼"。有同学找来说:"老师,我了解你们没有收我是有原因的,我没什么可埋怨,可是我能不能过来选课听?"我们讨论以后觉得,书院用的是海大资源,也是为海大学生办的,应该向海大所有人开放,所以欢迎你来选课,不过要求一点,你要全程参与书院的学习,不能有空就来、没空就不来,像听京戏一样不行,而且一定要做作业,一定要预习,所有要求都要跟书院正规录取的同学一样,结果他就来了。来了两个礼拜之后,有一些同学发现,他比一些正规录取的同学表现还要好,所以全院就开始讨论下一步该怎么办。我当时第一个承认,显然我作为招生考试的主要负责人是失职了,这是很精彩的一个人,当时竟然没有看出来。后来我们就确定,书院应该是"有进有出",一方面,假如说招完生开课以后,发现还有"漏网之鱼"——某位临时招进来的同学一个学期听课下来,表示对书院的理念很认同、很适应,有了很多成长和收获,我们认为他可以充分利用这个机会继续成长,书院应该予以补收;另外一方面,由于我们的理念不同,要求也不一样,有的同学进来之后发现完全搞错了,他要的东西不是这个,而是想多得高分或考两张证书,觉得不值得在这里花这么多精力,或者他当时是父母逼着进来的,那么过了一个学期或一个月以后,他不想参加书院学习了,我们也同意他退出去。这个就是所谓的"有进有出"。所以进进出出,到目前为止,书院原来加起来有61人,现在剩下来有47人。

另外,我们再来看一下在院学生的性别比例,几乎是1∶1,大概只相差一个人。文理比例是4∶5,文科生比理科生稍微少一点,也很接近。这样的比例令我们感到很高兴,因为书院开的所有课程,都是文科、理科一起修,我们坚持每个同学都要选物理课、选数学课,也要选历史课、选社会科学课,文理永远交叉,因为我们坚持学生必须是文理兼备的,未来人才的方向就在于此。

所以说,基于博雅教育的这一理念,我们还会注意到很多种情况。比如说每个专业的学生怎么样,每个学院怎么样,农村来的学生怎么样,等等。对于农村生源,这一点我个人是觉得非常遗憾。海大从农村来的学生还是少了一些,真正在务农的就更少了,而这个群体却是代表了今天中华人民共和国人民的大多数。为什么在一流的学校里面,这些学生反而很少?我想这是他们的不幸,也是海大的同学们的不幸,也是社会的损失。因为同学们必须要跟全国各类群体接触,才能真正了解中国的问题在哪里。我们很希望大家将来有来自全国各个角落的同学。我们有同学从云南、四川来,也有少数民族在这儿,少数民族生源比例倒是不算小。各式各样我们都注意到,虽然这些都不是书院的录取标准。我们的标准就是看这个学生的学习能力怎么样,他是不是有决心好好利用这个环境去学习。

对于书院未来的规模,我们打算一个学期大概招生 60 名左右。原因是如果再增多的话,就要开两个班,我们目前教学力量不够。还有一点就是,希望在最初的两年里,尽快把书院最急需的事做好,然后再谈扩招的问题。书院以后的招生规模将稳定在 120 个人左右,做到这一步,每年就可以为每一个专业培养出三五位真正想念书并且懂得念书的"领头羊"。这样的话,行远书院也可谓尽到了自己一份责任。

下面我介绍一下已经投入教学工作的教师团队。左边这些老师是上学期就加入进来的,这是朱自强老师。朱老师在吧?请大家认识一下朱老师。马君老师,马老师也来了吧?

男:马老师病了。

钱院长:累垮了。

不过我看到另外一个马老师,马丽珍老师来了,是吧?师老师(师玉荣)来了没有?哦,她有课,今天时间不是太巧。

这个学期又有四位老师加入进来,这四位老师更加辛苦。上学期老师的辛苦主要在于,突然一下子书院就成立了,就开学了,而这些老师都还担负着其他的教学任务,并且整个教学理念也完全是新的,一下子适应起来有很大难度。所以当时我就自告奋勇地说:"我来教前面几个礼拜,教得差不多的时候你们接着教。"当时朱教授义不容辞就被我们"拉"了进来,我非常感动!后来等到他教课的时候,每天下课以后就往飞机场跑,因为他还有其他的任务,每天就是这么跑、这么冲下来——今天朱教授好像也是刚从飞机场回来的。今年书院又有新老师加入。这几位老师更是忙得不得了,牺牲了春节在准备教材。其实过年之前他们的教材都准备好了,可他们看了我们上学期的教学方法以及学生的学习能力之后,立刻就把教材给改写了,花了很多工夫。这让我很抱歉。这里面有邓红风老师、黄亚平老师,跟黄老师一起的还有冷卫国老师,陈鹭老师今天好像有事没能来,这些老师都是尽最大力量投入。下学期我们需要再开两门课,再下学期又开两门课。整个状态稳定后,每个学期要开四门课,一年开八门课,所以这个任务相当艰巨。这些老师们是行远书院的灵魂,假如说行远书院将来有贡献的话,能够做到什么的话,都是这些老师牺牲了他们的家庭时间,牺牲了他们的专业时间所做的奉献的结果。

接下来再说说我们的行政团队。于校长给我们组建了相当强的一个团队,主要靠文新学院的资源,有文新学院党委书记蒋秋飚老师、院长修斌老师,另外有副院长冷卫国老师。右边在座的就是行政人员,我们刚成立书院的时候就临时把路越给拉了进来,然后从台湾又把杨瑷菱拉了进来,大家整个忙翻了。后来于校长讲,书院应该继续招聘人才。于是我又聘了人,所以申国菊、曹慧秋就赶到了。他们大概再有两三个月就可以投入工作。在这中间还有一位研究生赵琪。不管什么样的身份、什么样的年龄,大家平时都是一直工作到晚上10点钟以后,昨天晚上他们忙到了11点多——书院一直有这么多事情需要做。因为大家都体认到,我们的工作质量都决定在细节,细节有疏忽的话,质量不可能高,并且成败也常常在细节,所以大家都愿意在工作中付出艰苦,细之再细,精益求精。这几位都在,请大家一起站起来。你们是幕后英雄,谢谢你们!(掌声)今天我就是代表他们来向大家做一个工作进度报告。

围绕"博雅——海大的行远之路"这个题目,我首先讲一下理念,然后再讲课程、讲管理,最后是同学们来分享学习经验。

平时,大家常常很关心地问,你们书院办得怎么样?我说这个东西得分两个层次来讲,真正要看结果的话,应该等 20 年、30 年之后再看。假如那个时候为中国解决问题的人当中,有不少是海大行远书院出来的话,那表示行远做了贡献;假如那个时候行远的学生跟其他人没什么两样的话,那表示我们彻底失败,这要从长期来看。可是今天社会氛围都要求短期见成果。你要是等不及的话,现在我想最简单的办法就是看看我们的"成品",看看我们的办学目的——培养新一代的学生。所以今天我只讲 45 分钟,然后把一个小时的时间留给行远书院的学生来做报告——请他们直接向你们报告八九个月来,他们学了什么,直接回答你们的问题。

我想接着谈一谈何为"博雅"。

"博"就是广博的知识、广博的胸襟和广博的视野。广博的知识一定是文理兼备。假如说左腿是文科,右腿是理科,那两条腿都行才能两条腿走路,不能一辈子单脚跳。几十年来我们的教育制度产生的一个结果就是:我认为我是文科的,永远用左腿在跳,右腿不敢着地;我认为我是理科的,右脚在跳,左腿不会用。我这一辈子挣扎着左腿右腿都用,结果发现文科还是太差。所以一个多月前,我的左腿受伤了,就想先把这条腿恢复起来,过几天好和同学们去爬泰山,这是我人生的一个考验。

"雅"就是一个认真的态度。透过认真的态度,我们才会达到一个高雅的标准,才会有高雅的风范、高雅的品位。

后来,我到了海大以后发现,其实"博雅"的内涵就在海大的校训里面。"海纳百川"自然就会"博",任何地方来的知识我都能接受,古今中外、文科理科都接受。"取则行远"就难了,难就难在未来社会变化实在太快,我们说人才必须要走得远,不会是两年三年就"报废"。而 21 世纪跟 20 世纪的一个最大差别就在于产业、经济结构变化得太快,行业"报废"得也非常快。

我记得刚到美国的时候,做过一项统计,那时 40% 的妇女参加工作,在岗最多的是电话接线生,第二个是打字员,第三个是收银员,就是收钱、收费之类的。接线生行业已完全消失,秘书行业也已消失得差不多了,收银员职位也在逐步萎缩,现在已进入扫码、刷卡支付时代了。行业不断消失,白领岗位结构也面临大调整。过去十年,美国的会计师职位已消失 40%,原因是外包到印度去了。这是 IT 产业全球化的一个结果,一切都在快速变化。我们的会计专业毕业生,今天可能非常红,待遇也蛮好,20 年以后是不是还有会计行业,还有多少工作岗位就不好说了。连外科大夫将来都可能外包,我们靠互联网,可以直接请外国哪个大夫帮我们动手术,远程外科手术已经屡见不鲜。老师们的教学模式变化也很快,值得我们警惕。我有一位年轻朋友叫吕世浩,在台大当助理教授,他讲历史课的绝活儿之一是讲秦始皇。他开起课来,每一次注册学生至少 4 万名。我们平常教 40 个人就觉得很累了,一堂课教 100 个人很难,他一教就是 4 万人。当然不见得 4 万人都成才,可 4 万个人里面假如 1% 成才的话就不得了,他就培养了 400 个人,想想我们一辈子可能也培养不了那么多人才。所以整个世界一切都在快速变化中,怎么样培养人才面临很大挑战,这是值得我们思考的一件事。实际上对于这件事,海峡那边的教育部门已经检讨了很多。30 多年前,台湾的教育部门就打算开始弥补专业教育方面的不足,提出要搞通识教育。不幸的是,通识教育当时走偏了,到今天为止结果还是不太乐观。

言归正传。我想我们都同意,我们的人才必须要能够行远,否则就"报废"了,不能完成我们的社会义务。培养能够行远的人才,应该"取则",取哪种"则",选择什么样的方法和规则,值得行远书院的老师们不断探讨和反思。因为在座的各位,之前大部分接受的都是专业教育,我也是专业教育出来的,一辈子都在教物理。那么,博雅教育跟专业教育的关系是什么?就是"通识为体、专业为用"。这一点在海大已经讲得非常清楚,不过如何落实值得探讨。博雅教育教的是基本功,就是让学生学会把握做人的火候和做事的尺度。同时,我们还要教他们学习专业知识,让他们具备应该有的能力。对于老师而言,要尊重每个学生在学习能力、学习动机方面的差异性,首先把博雅教育搞好,再去搞专业教育。博雅不能没有专业,否则,博雅教育的功能施展不出来;同时,专业也不能没有博雅,否则,学生们走不远,"报废"得相当快,因为当前社会经济结构变化太快。所以博雅跟专业是相辅相成的,博雅提供的是基本功,是以不变应万变;专业提供的是求生技能,随着时代的变化而变化。不管将来你从事哪一行业,都需要有自学能力,都需要沟通能力,都需要有发现问题、解决问题的能力。这样才能真正行远,这些都靠博雅教育。

明确了"博雅"的内涵,还需要明确行远书院的办学模式。第一点要明确的是,知识是靠长期的积累,人才是靠长期的孕育,绝对不能急功近利。常常有很多传统做法都是基于管理方便,但只是满足于管理上方便,并不能培养出最好的人才。培养最好的人才需要的是不同的管理,需要因材施教,方法因人而异。目前,大学教育主要还是通过课程来实施,不能忽视知识的累积;大学教育也要注重人格的发展和能力的培养。在知识方面,我们教给学生的东西能用多久呢?可以用50年吗?我想没有一个专业老师敢这么说。实际上20年以后最火的专业是什么,现在我们谁也不知道。这是个很大的挑战,基本能力的培养,光靠专业教育是行不通的。我们正在做的教育,是以课程为主,以生活为辅,而课程是要一门一门建设起来,人才是要一个一个培养起来,没有近路可以走,要尽最大力量把每个学生的潜能发挥出来。

人才的培养是逼出来的,而不是照顾出来的。第一要帮助同学自我定位;然后,要把责任加到他肩上。今天的年轻人在吃苦与担当方面相对于我们那一代,是有相当差距的。在我那一代的时候,我家七个小孩,每一个礼拜要逃两三次防空警报,日本的飞机来轰炸,逃亡回来以后妈妈都要清点一下人数,1、2、3、4、5、6、7……就怕有个孩子丢掉。能吃顿饱饭更是一件奢侈的事,只有靠自己想办法。今天的孩子们没有经受过磨难,也没有这种危机感,因而很多能力就没有机会锻炼和发展。到了大学以后,我们一定要把责任交给他们,让他们自己做决定。你的生命你决定,你的决定你负责。今天的问题是,我们往往不让年轻人做决定。他一旦做了决定,却又不负责任。这样,整个社会的责任感都正在缺失,在走下坡路。将来要走上坡路的话,关键还是要让年轻人有更多的机会去负责任,让他学会对自己的决定负责任。归根到底一句话,老师绝不拍板!一旦我们认为学生自己应该决定的事情,怎么做决定是他自己的事,我们绝不参与。

关于自我定位,这个很简单。我想《学而》篇我们都学过,孔子说:"学而时习之,不亦说乎?有朋自远方来,不亦乐乎?人不知而不愠,不亦君子乎?"一共30个字,绝大多数同学都是这样理解的,当时老师也大致是这样教的:我学到东西了,时常复习一下,这是很开心的一件事;有朋友来了,我们一起玩,这是很开心的事;我跟别人讲,别人不懂,我不生气,这个是君子作风。其实仔细探讨一下,这样的解释不可能是孔子本意,否则的话,把这三句话作为《论语》的第一篇,完全是不合常理的。仔细查一下,其中的"时"是适当的时候,不是"时常"的意思,"习"是实行,而不是复习,我们对此都有误解。孔子的本意就是说:我学到一些真正的本事有机会去实践它,这是一件开心的事;有志同道合的朋友从远方来,我们可以一起谈经论道,甚至一起共事,这是人生难得的事;我有一些学问,校长没体认到而不用我,我也不生气,这是君子之风。(笑)对这段话的理解,前面是"小人之学",后面则是"大人之学"。不幸的是,我们学校教的往往都是"小人之学",导致今天大部分同学都只是希望拿到一张文凭、得到一份稳定的工作,比如考个公务员之类的。我算了一下,今天中国每年约有2000万人到18岁,2000万人里面能够进海大的,大概不到1万人,也就是说海大每个毕业生必须要带动1000个人才行。我们要发挥"火车头"的作用,发挥"领头羊"的作用。假如"领头羊"学的都是"小人之学"的话,那问题就大了。所以,我们进大学教书第一件事,就是要先帮助学生做好自我定位。我们的学校应该是培养另外一批人才——真正解决未来社会问题的人才。自我定位可以帮同学建立自我期许,自我期许确定以后,学习态度自然就会有转变。所以学习就是要自我启蒙,用歌德的话说就是"用理性的光辉除去我们心智上的愚昧"。我们有很多非理性或者不合逻辑的东西,有很多错误、偏见,需要用理性的思考把它们除去。

在行远书院,我们有一个"磨刀石理论",就是用先人的智慧来磨砺我们的智慧之剑。每一个人都是一把剑,问题是这把剑有没有开刃,磨得有多利。用磨刀石磨剑时一定是两面都要磨,总磨一面的话,把钢刃就毁了。可是我们今天办的是文理完全分家的教育,要么就是文的,要么就是理的,等于是磨单面刀刃。我们的每一项作业、每一门课都是一把磨刀石,同学们要靠这些磨刀石把自己两面都磨锋利,这样才能行远。有了磨刀石以后,最重要的就是磨,所以学习必须是主动的学习,只是听讲是没有用的。

关于课程建设,宏观上看,它的目的是提供框架性的知识。在短短的四年之内把所有知识都教出来是不可能的,重要的是我们要把知识框架教给学生,然后还要拓展他们的视野,训练其思考能力,这三个因素具备后,就可以培养学生终身自学的能力。同学们必须了解,大学毕业以后,你们的职业生涯还有50年,这50年如果不"报废",就会不断有人来聘你们;知识要想永远不过时,就得靠自学。自学的能力和习惯是靠大学四年培养出来的。

台湾地区的大学生按教育部门的要求只要拿到128个学分就可以毕业,实际上大部分学生都选到140以上。台湾地区从30年前开始强调通识教育,就是现在规定的这些学分里必须有30个学分左右是通识教育。海大相对而言,有的学生少则拿140多个学分,高则到160学分,跟台湾也差不多。照理说这么多学分是不得了的,因为在美国一般是120个学分毕业,大家拿到了就赶快毕业,因为交不起那个学费。美国大学每年学费大概四五万美金,再加生活费用大概就是八九万美金的开销。这开销是缴税以后的,所以大约要15万美金左右的收入,交了四成的税,才剩下八九万。送宝贝孩子去念书是非常昂贵的,不会无限拖下去。还有一点很重要,就是在美国一些好的学校,研究生都是搞专业教育,像法学院、管理学院、教育学院,都是到研究所才有,大学前面四年都是通识教育,全是博雅教育。他们认为,只有这样出来的人才扎实,才能应对未来的需要。

目前,海大的通识教育课程不多,8个学分,其实这也是一个优势。台湾大学平均每个学生通识学分大概要学到30到35分,开多少通识课呢?一所大学每年大概开一两千门通识课,也就是几乎每个教授都在开通识课。但通识教育的效果却不敢令人恭维。而在我们这里,我们已经认识到通识教育的重要性,课程还开得不多,这说明还没有投入太多的资金,人力、财力还没有被浪费掉。所以,以后就要看准方向,开好每一门课。在行远书院,我们预想先开发20个学分,在资金有限的情况下,先把这些学分开发出来。

关于教学目的、内容和形式,我们的目的主要是提供知识框架,训练终生自学能力;内容是大口径、宽领域;形式是开展小组讨论教学。我们发现学生要学到东西的话,必须要通过讨论课。教育部很久以前就强调,每个校长和老师也都在强调,要培养学生独立思考的能力,但多年来,学生的独立思考能力不但未见起色,可能还有所降低。为什么会如此?我们需要探讨。我们认为小组讨论是一个提升学生独立思考能力的有效方法。我教书半个世纪,体会出一个理论:学生的大脑是跟舌头连在一起的,他舌头动的时候脑子就会转,脑子转了,就会把老师教的东西给消化掉,小组讨论的重要性就是可以让学生的舌头动起来。行远书院的目标是为学生未来50年打好基础。重要的是要把这些课开出来,把人才培养出来,同时还要把这些课的教材都留下,将来可以推广共享,把它们变成一般的通识课,让更多的同学去选修,为整个海大做贡献。

目前,我们有四门课已经在教了,还有四门课正在开发之中。"大学之道""物理与自然世界"上学期已经开课了,"世界文明史""中国文化传统"现在正在开。后面的课程有的在准备,有的还在探讨。像"全球化与人类社会"这门课实在不好教,如何找到合适的人,如何达到我们目前要求的水平,这是一个空前的挑战。我想现在先把这学期安排好,等上了轨道以后,再着眼开始准备"数学天文与物理""海洋生态系统""课题研究"等课程。

"大学之道"上课的情况,朱老师刚才大家都看到了,我就不再细谈了。"大学之道"主要是先帮学生定位"你的梦想是什么",然后再慢慢探讨。先问学生"你为什么念大学",要知道大学是"大人之学",作为学生不只是求一个分数、拿一个文凭,而是要真正学到东西;然后,就探讨知识分子的责任,公共知识分子对社会的责任;最后探讨,针对今天在社会上碰到的问题,问同学想解决哪类问题、需要具备什么样的能力。这时他就会恍然大悟:这些能力不是在课程里学得到的,要自己主动参与。最后,万法归宗还在于培养"人"。所以朱老师就登场,然后从认知科学角度切入,讲解什么是人性、什么是道德、什么是人格、什么是自我……什么是未来,就一路这样探究下去,让每位同学都学得根深蒂固、扎扎实实。

对于"物理与自然世界"这门课,我们不是把所有物理重教一遍,相反的,第一个目标是让同学不怕物理,第二是了解到物理的思维方法,第三是希望他能够用物理的原则跟思维方法,解释他所看到的现象,解决所遇到的问题,希望他每天都看到到处都是物理,他自己也是物理,这些是我们真正的目标。马老师跟他的团队做得真是很成功,尤其是通过演示实验,取得了很好的效果。

"世界文明史"是邓老师在唱"独角戏",这是负担非常重的一门课。在3个学分、总共48小时的课程里面,要把人类几千年来文明的来龙去脉交代清楚。所以不可能去关注细节,而是分析把握世界文明的趋势、走向和思维,这也是很难教的一门课。

下面是"中国文化传统",这可能是海大非常有特色的一门课,开的学校并不是太多。这门课的关键不是传统文化而是文化传统,从"龙凤呈祥"讲起,陈老师讲了天人合一,各式各样、不一而足,就是用各种角度引导学生去看中国文化的精髓在什么地方。

下面谈一谈授课方面。第一个就是,授课标准是什么。教得好坏当然非常重要,我们有大量的督导团在督导,可是我们觉得更重要的是学生学得好坏,这应该是我们教一门课的几乎唯一的检验标准。我教课教得再过瘾、教得再好,学生没学到东西,我是白教的。怎样探讨这个标准?我们还在琢磨。基本上每门课都是3个学分,2个学分的课没有办法把事情讲清楚,4个学分的话,学生负担不起,所以是3个学分。每个星期要求课外自习是6个小时,就是每上1个小时的课必须要自习2个小时,这是我们对学生唯一的入学要求。能够做到的欢迎进来,做不到的知难而退。预习方面,提前一个礼拜就把阅读材料发下去,大概五六十页左右,有的老师特别热心,可能会到100页,然后学生就觉得吃不消,我们再减下来。上课时间是3个小时,讲课用2个小时,小组讨论用1个小时。小组讨论大概是6个到9个人一组,同时每人每天要写反思日志,把老师课堂上讲的东西真实地记录下来,然后开始反思:我当时是怎么想的、现在是怎么想的,这个东西我中学学得怎么样,我怀疑老师是不是搞错了,我再去查查资料,发现不是那么回事,或者老师的确是对的,我错了,为什么我错了……通过反思,让学生开始内化,让他跟知识建立联系,最后当然还有复习和作业。这是非常细致的一个工作,假如说老师们对这个感兴趣的话,我很欢迎你们参加行远书院的"工作坊"。在教学方面,我觉得有义务把"工作坊"给办起来,大家可以一起讨论,用更多老师的智慧,可以开出更好的课,创出更好的教学方法。

小助教制度是另外的一个特色。6到9个人一组讨论,每个组需要一到两个助教,这个助教需求量非常大,一个学期几乎快20个人。专职助教不可能:第一,我们没有这一项开支;第二,找不到人,大部分研究生没有小组讨论的经历。所以,我们做了一个非常大胆的尝试,就是在同班同学里面挑学生出来,先培训一阵子,然后激发他的雄心壮志:我是不一样的,我可以事先把东西学好,然后带着同学一起来学。我们的小助教都是作为义工报名,再参加培训。因为书院要对教学质量负责,所以即使小助教出了错的话,还是院长及授课老师的责任,因为我们授权他那么做。我们当时做了一个判断,小助教有错,表示我们的判断错误。在合格的同学里面,每门课再挑选六七个人委以重任,这真的很重要,行远书院教学成败主要在他们身上。所以在这种情况下,同学都有一种使命感,不断增强自身能力,不断改进自己。值得高兴的是,我们发现每个学期每门课都有足够的学生愿意做义工小助教。他们一个礼拜大概要多花10多个小时,这些时间去修其他课的话,他们都可以拿90多分、甚至100分,现在他们却选择来做这件事。所以我们就决定,假如这个制度可行,就作为书院内在的一项督导机制来实施。只要不断有同学自愿出来做这件事,就表明他已经学到了东西,而且愿意再继续发展,这可能是非常好的一个机制,也是一项创新。假如有朋友感兴趣的话,我们可以一起坐下来探讨,这里面一定有很多值得探讨改进的东西。

书院的住宿是"合宿",就是不同年级、不同专业的同学住在一起,四人一间,主要目的就是要让他们跨专业合住,让他们"博"起来,并从中学会沟通和交流,文科跟理科打交道,男同学跟女同学打交道,学会计的跟学海洋的打交道,一年级跟三年级打交道……我们希望建立一种传承机制,让高年级的同学有一种责任感,主动把这种跨界或"混搭"的交流方式传承下去。我们认为,"合宿"的目标不是为了管理方便,而是为了培养人才。明年或后年,我们希望能够再进一步,让男女同学在一栋楼上住。一般家长一定会跳起来,但我们就是要培养学生一种自制的能力,男女同学同住一栋楼还不出事,这非常重要。

另外就是"团膳",师生一定要定期合餐,在一起吃饭。合餐大概是两个礼拜一次,我们希望以后次数再增加一些,不过由于设备的限制,我们现在没法做更多。但即便是这样,也已经开始有效果。因为大家都希望合餐的次数增加,并且让更多的老师参与。

定期开展"行远讲座",这是我们书院对海大做的一个贡献。讲座第一次邀请的是朱云汉教授,在座的可能很多人已经听过了,题目是"中国如何重塑全球秩序"。这个题目要求主讲人必须是一位真正的大家,能够从非常宏观的角度观察世界问题,提出他的见解。第二次讲座邀请的是资中筠教授,她讲的题目是"启蒙与爱国",我想不少同学会经常提到这个演讲。今天我们举行的也是一个"行远讲座",向大家报告一下我们这一年来的成果。下一次会请许宏教授前来讲讲"考古视角下的中国",他会把人类东西方一万年来的发展脉络整个讲一遍,听完以后可能会让我们对东西方文明的真正区别以及未来会不会冲突不断,有一些更深的了解。现在我们谈爱国、谈中国,常常困惑于什么叫中国,所以请一位考古学家来,从史前文明讲起,包括仰韶文化、龙山文化、红山文化等,这些东西还可以跟我们的课程互相印证。第五次是请黄锷院士来谈"地球气候史",通过讲座来检讨一下全球暖化的问题,其中有多少所谓的天灾实际是人祸,是因为错误的决策导致的,希望对年轻人有所启发。

下个学期的讲座,已经在开始规划。这个讲座要慢慢坚持办下去,希望海大的师生能够通过这些讲座,更好地打开视野。另外,我很希望把这些名人大家带到海大来,不只是来一次,而是让他们经常来,变成海大的朋友乃至海大的师长。这些后勤方面还需做大量的配套工作,我们正在想办法,校长们也在想办法帮我们解决。

接下来就是一个"自我期许"的问题了。对行远书院的同学而言,我们希望他们牢固确立一个想法或愿景:"只要有我在,行远没问题;行远的理念我认同,行远的问题我解决!"进而下一步就是:"只要有行远,海大没问题!"海大希望重启教育改革,第一就是要搞博雅教育,搞通识教育。通识教育怎么办,通过行远书院来实验,一门课一门课地建设起来。行远书院永远不会有很多课,但能够凝聚一批对教学感兴趣的老师,大家聚在一起,开发出各式各样的课程,百花齐放,让整个海大的学生都受益。

我衷心希望校长、书记,以及各个学院的院长、书记能够帮助海大所有同学建立如下的自我期许:"只要有海大,中国没问题!"今天中国的每一个大学生必须要带动至少1000个人,否则的话,中国的问题就解决不了。所以海大的同学必须有这个自我期许:"我作为一个知识分子,决不能辜负了社会的期许。"假如有这种自我期许的话,中国的问题不愁解决不了。大家或者会说只凭一个海大是解决不了问题的,的确如此。但我想在座的诸位一定会认同,中国的未来取决于人才的素质。精彩的人才不需要太多,想想看,今天不管你在哪一个国家、哪一个角落,都受到IT的影响,而整个IT大部分是硅谷出来的。硅谷有多少人?不到10万人,美国有3亿人,那10万人里面七成不是印度人就是华人,只有一小部分人就把全世界弄得天翻地覆,羡慕不已。这也给我们提供了很多启示,培养出一些能够满足未来发展需要的人才固然重要,但建立一种人才培养机制更为重要,关键是让这些人的能力发挥出来。这一点,我想大家需要思考一下,为什么中国人、印度人要到美国才能把能力发挥出来,在这儿发挥不出来吗?所以我们行远人的一个自我期许就是:我们有机会的时候一定要把这个问题解决掉,解决完问题后,一定建立起一种新机制,使所有人能够把自己的能力发挥出来。我们办行远书院,也有一个小小的愿望,看到有些机制必须要做修改的话,我们必须得有勇气去改。

下面就请学生来做报告。我们邀请了博雅47位同学向全校做一小时的报告,这也是为完成我们下达的任务——分享一下他们的学习经验和心得体会。他们经过一个礼拜的讨论,决定了报告内容,并且一起撰写稿子,最后选了5位代表来做报告。要了解真实的行远,就请诸位看他们的表现,有问题也可以直接向他们提问。现在我们请王佳杰同学来主持!谢谢大家!(掌声)

博雅——海大的行远之路(学生报告部分)

王佳杰:谢谢大家!尊敬的各位领导、老师、同学们,大家下午好!我是行远书院零期生王佳杰,来自信息科学与工程学院2014级海洋技术专业。

刚才钱老师是从行远书院院长、总导师的角度阐述了博雅理念,并介绍了行远书院成立以来的工作情况。下面我、朱璟頠、赵一鸣、胡展翔、张子琰五位报告员谨代表行远书院全体同学,从学生的角度与大家分享我们入院以来在书院的经历与感受。我们报告的题目是"博雅——海大的行远之路",报告将从几个角度切入,呈现我们与入院初期相比,在各方面的成长变化,这部分将由我来为大家讲述。然后另外四位报告员将分别从学习经验、生活经历以及实践尝试三个方面,来向大家展示我们成长的动因与过程。最后,我将汇报我对行远书院的一些思考,由此展望行远书院的明天。

下面我先来讲述主题切入部分的内容。我现在还记得钱老师在我们刚入院的时候,曾经问过我们一连串的问题。这些问题有大层面的,比如说古希腊的三个大哉问:你是谁,你从哪里来,你要到哪里去;也有与个人紧密相关的,比如说你将来想成为一个什么样的人。现在回想起来,那时的我们对这些问题还没有认真地思考过,所以恍惚间也不知道回答的是什么。那么现在呢?我们对同一问题的想法还一样吗?为了真实地呈现入院以来的成长和变化,我们选择性地重新讨论了三个问题,这三个问题分别是:你在担心什么,博雅在你心中是什么样子的,你想成为一个什么样的人。

首先我们来看第一个问题,你在担心什么?我们书院有位2013级港口航道专业的学长,没错,就是接下来要做报告的那位,他挺幽默的,当时他说在自己入院之前担心自己可以活多久,他想万一这一生他自己想做的事没有做完怎么办。然后我就问他想做些什么事,他说比如说环游世界,比如说混出个名堂,很多很多。"那么最近你在担心什么呢?"我问他。他一笑,说自己同样还在担心自己能活多久,但是不是因为他想要做的那些事,而是因为他在书院每学习一门新的课程,都会感叹这是一个多么宏大的体系,背后隐藏着一个多么美妙的世界,一想到在这个世界上还有那么多知识他不了解,甚至从来都没有听说过,就觉得很恐慌。那么为什么书院的课程会使他产生这样的感慨呢?大家别急,之后这位幽默的学长将会向大家娓娓道来。

接下来我们问了第二个问题,博雅在你心中是什么样子的?书院有一位理科男生说,他以前认为博雅就是各方面的知识都知道一些,当谈到文科时,他认为文科应该比理科好学吧。现在重新问他对文科的感受,他说人的一生都不能离开文的熏陶,文和理不仅是一种学科的范畴,还代表着人类人性的两面——感性和理性,这两者能够潜移默化地影响着我们的情商和智商。书院还有另一位文科女生说,她以前认为博雅就是上知天文、下知地理,而现在她觉得博雅就是不给自己设限,努力地超越自我,突破自我,做自己以前不敢尝试的事情,并且在她的心中,博雅的词性也发生了改变,由名词在转变为动词。"博"是一种知识的宽度,而"雅"是一种由内而外自然散发的气质,她认为博雅就是走好行远的路。那么为什么两位同学对博雅的认识发生了改变呢?我们想,也许是书院日常生活中那些润物细无声的小细节吧,之后展翊同学将为大家介绍。

最后我们问了第三个问题,你想成为一个什么样的人?书院一位理科生说,入院之前他一直打算成为一个科学家,尽量不被外界的事情打扰,努力做好自己专业内的事情,并有所成就。而现在他说,他更向往接触社会了,他希望将来能做一份既和专业对口,又和社会紧密联系的工作。还有一位同学刚入行远时,就有宏大的理想,他想做一个安身立命的人。在上完钱老师的课,思考了"我们面临哪些问题",以及"解决这些问题需要哪些能力"之后,他觉得完成理想不仅需要一份勇气,而且更需要各种实实在在的能力,比如说领导能力、合作能力、沟通能力等。要安身立命并不是一件容易的事情,但是他不会放弃。那么是怎么样的实践过程使得上面两位同学对社会的认知、对自我的定位发生了改变呢?在报告后半段,子琰同学将为大家介绍。

下面四位报告员将分别从学习经验、生活经历以及实践尝试等几个方面,来向大家展示我们成长的动因与过程,请大家从自己的角度出发,观察然后得出自己的答案。首先是学习方面,由璟赪、一鸣与大家分享自己的经历与感受。

朱璟赪:各位老师、各位领导,还有各位同学们,大家下午好!我是行远零期生朱璟赪,来自工程学院2013级港口航道与海岸工程专业。我将从课堂内容与作业反思两个方面,对行远的课程学习进行介绍。

加入行远以来,我们已经参与了四门课程的学习,分别是"大学之道""物理与自然世界""中国文化传统"和"世界文明史"。因为今天时间有限,我不能面面俱到地介绍这四门课,所以就重点介绍已经结课的"大学之道",以这门课程来展示行远书院的教学特色。可是即便介绍这一门课,我也感觉可以说的内容实在是太多太多,该从何说起呢？我想到了钱老师反反复复提问过的三个问题——我是谁,我从哪里来,我要到哪里去。这三个问题贯穿了行远学习的始终,我也将以这三个问题来串联接下来的介绍。

我是谁？首先我是个学生,我要拿到毕业文凭。然后我是家里的独子,传宗接代就靠我了。现在我还是学生会的一员,要完成上级布置下来的任务……最后的最后我遇到了钱老师,在行远书院的招生说明会上,钱老师问我们,你们有没有自我定位？他说一个人要有自我定位,你把自己定位成什么样的人,你就会成为什么样的人。仿佛平地一声惊雷,把我惊醒了,于是我跟随钱老师来到行远书院,来寻找自我。

行远人的自我定位应该是什么样的呢？首先一定要是一个有所坚守的人。钱老师讲过他自己亲身经历的一件事情,那是一个月黑风高、伸手不见五指的夜晚,寒风呼啸、天寒地冻,钱先生来到了一个十字路口,可是很不巧的是红绿灯坏了,面对他的始终是红灯,于是他就在这种情况下整整等了半个小时。那种画面太美,我实在是不敢想象。我看到台下有人在笑,当时我也在台下像你们一样哈哈地笑,这种坚守是不是有点傻？台下应该有来自学校南区的同学,我想问一下,南区门口那条尘土飞扬的马路,大家有几次经过的时候是等绿灯亮了才通行的？自从加入行远书院之后,我就有一点纠结,我到底是坚守原则等着绿灯亮了才过马路,乖乖地站在路边吃土呢,还是来一次中国式的过马路说走就走？你们可以看到,哪怕坚守一些最最简单的东西也是非常困难的,哪怕坚守一些最最根本的东西也有可能被人笑话。一位理科生花那么多时间在通识教育课程上,可能被认为是傻；努力掌握整个课程知识体系,自学考点之外的内容,而不是刷题拿高分,可能被认为是傻；作为大学生去思考大学到底应该是什么样的,去了解中古欧洲大学是什么样的,去看看美国大学有什么理念,可能被认为是傻。钱老师说过,行远书院就是一个大疯子带着一群小疯子,这个大疯子就是他,小疯子就是我们行远书院的同学们,我们大家聚集在一起,一起去坚守一些最简单、最根本的理念,因为我们相信这种坚守能够让我们有所改变,最后也能让海大乃至更大的范围有所改变。我感觉能在这样的氛围中做一个有所坚守的人,是非常幸运的一件事。

其次,是做一个文理兼备的人,刚刚钱老师也说到了这一点。文理兼备并不是说文科的东西我懂一点,理科的东西我也懂一点就好了,这是博而不雅。一个真正的博雅人应该是掌握一种文理兼备的思维方式,就是去理性地思考,而又不限于机械化。往大里说,文理兼备就是一种博雅。从高中开始,我就生活在一个纯理科的世界里,但并不是很满意这种单调的生活。我相信一个纯文科的世界也未必是非常美好的,我总感觉在我外面有一个更大的、更美好的博雅的世界,但这个世界离我非常远。我来海大的前两年,那时候还没有行远书院,我想能不能靠着自己来做一个文理兼备的人?那时候去蹭了很多课,还选了其他学院的课程,然后用我的亲身经历证明这条路太难太难,没有得到指点的话,付出了很多,但好像没有什么收获。在行远书院招生说明会上第一次看到钱老师的时候,我就感到这个博雅的世界真正就在我面前。为什么钱老师可以做到这一点,我就不能呢?

海大成立了行远书院,让我能够有这样一个博雅的机会,这是我最能感到与海大亲近的地方。其实在海大还有很多像我这样的同学,他们都有着博雅的渴望,都渴望去接触一个更大的世界,但是他们就像当初的我一样,始终寻寻觅觅不得其法,付出了很多,收获还是比较少。这时候他们需要的就是一个像行远书院这样的机会,只要有这样一个机会,他们的生活就会因为博雅而改变。这也是为什么行远书院把课程向其他的同学开放,允许他们参加所有课程学习的原因,这也是为什么行远书院要把自己的模式向海大乃至全国范围推广的原因,这也是为什么我们要孜孜不倦地坚守自身,去践行、去推广博雅的理念的原因。我们希望每个人都能接触到一个更大的世界;我们希望每个海大人都能够感受到与海大的这份亲近,都能够真正地理解我们的校训——"海纳百川,取则行远";我们希望每一位海大人都能够真正地成为行远人,成为博雅人。

最后,是人类文明的传承者。我们是海大人,是中国人,最后总要回归到一个人类文明的传承者。钱老师经常说行远人一定要有一种超越性别和生命的使命感,知道人类文明的来龙去脉,愿意并且能够推动社会往前发展。我很喜欢这样一句话:"把生命当成一场为了神圣使命而必须履行的责任。""只要有我在,行远没问题;只要有行远,海大没问题",这是钱老师带我们一起喊的口号。我又想起了"行远讲座"第一讲"中国如何重塑世界秩序"中,朱云汉教授所说的华夏文明理应有更大的担当、更高的自我期许,去承担更多的责任。我想未来我们也可以加上一句话——"只要有海大,中国没有问题!"

我从哪里来?"大学之道"的后半段,朱自强老师带领我们探究了什么是人,探究了人与社会、人与媒介、人与语言、人与道德等。人的语言从哪里来、人的道德感从哪里来、人类社会为什么会产生?这一连串的问题想一想都感觉人好神秘、好伟大,但是当我们真正去探究其中的因由时突然会有点失望,原来人就是从猿类进化过来的,原来我们的道德依然受到原始本能的束缚,原来我们的社会进化不过是自然进化的一个小小环节。但是就是在这样的学习中,我们有了新的发现,朱自强老师带领我们探究语言的产生,我们知道了语言和文化之间的关系,然后在这学期的"中国文化传统"课上,冷卫国老师带领我们去学习汉语、汉字,还有中国古代文学。我就很自然地联想到了"大学之道"课上学习的语言与文化的关系,如果没有这种基础概念的积累,就很难体会到那种千年文明一脉相传的传承感,这种感触只能意会不能言传,但是也需要有很深的基础概念的积累。我们探讨了道德的起源,知道了道德不仅与不同的地区紧密相关,还与当时时代的生产关系有很密切的关系,这让我们有了一种更加包容的心态去认识如今的世界,更加平和地对待不同的观点。我们还探讨了人与社会,辨析自然与社会的关系,去苦苦思索是什么原因使社会产生。这些思考为这学期的"世界文明史"课程的学习打下了基础,我们可以从自然与社会关系的角度去分析人的进化,去辨析文明的起源,就是很多这样的追根溯源让我们拨开了这些问题的神秘面纱,去接近那些本来模糊而貌似了不起的东西。我总认为未经质疑的结论肯定是有纰漏的,未经考验的信念未必就经得起风雨。当我们去质询、去批判、去反思、去顾虑,我们的观念才会更加完善,我们的坚守才会更有力量,那些留存下来的东西才是可以成为信仰的东西。

我到哪里去?首先肯定是走向终身学习。学海无边,行远两年,我们又怎么学得完够用一生的知识?就像陈鷟老师所说,行远书院的课程是粗线条地推进,为我们搭建一个知识的框架,那以后的学思之路就是"师傅领进门,修行靠个人了"。

还有便是走向理性。我记起了"行远讲座"第二讲"启蒙与爱国"中资中筠老师所说的,真正的启蒙是自我的启蒙,是不断地自己去想明白一些事情,相信自己理性思考的能力。正如康德所说,"用理性之光去照亮被蒙蔽的心智"。

关于课程介绍我就介绍到这里,下面是关于作业反思的介绍。

请见下图(图2),这张图是我们"大学之道"这门课的资料,我还没有打印全,这只是一部分。其中也包括繁体字资料——阅读繁体字是行远书院每个学生都必须掌握的技能。而"世界文明史"的资料则包含中英文内容,我们坚持学习世界文明史并不能拘泥于只用汉语作为工具。

图 2 行远书院"大学之道"部分课程资料

同学们可以看一下(图 3),这是我们每周作业的模板,左边一栏是对上课内容的记录,这些记录不是简单地把老师说的话记录下来,而是要体现老师讲的内容的前后逻辑性,相当于一篇文章了;右边一栏是我们对上课内容的反思、质疑和批判。

描述上课事件，自由写作（依课堂进行的程序，尽可能详细地描述课堂上发生的事件，如课程内容、讨论课、教室中老师在做什么、自己在做什么、当时自己的感受及想法等等。）	自我提问练习（阅读左边的描述，练习提问并写下问题及响应。如 what, when, who, how,why,what if 等问题）反思听到的内容与自己的关系、与其他课程的关系。
这次讨论我们组首先解决了上堂课遗留下来的问题：社会控制是不是一种更大规模的合作？ 接着我们讨论了作业中许多同学对朱老师批判工具论提出的反对意见。我们回顾了朱老师的论文。论文的目的是为了反对把语文完全视为工具的语文教学方法被，所以对工具论倾向于批判，但是并未否定语言却是有着工具的作用。 然后我们讨论了“语言是心智世界的建构物和创造物吗”这个讨论我们用了很长时间，过程也比较有意思。冀召通认为：构建心智世界是与语言有关的，我们处在语言构成的环境中，从语言中提炼出来的某些东西建构了我们的心智世界，但是不能说语言直接建构了心智世界。也就是语	虽然谈论初级概念的产生时，我们似乎把语言处于一种工具的地位，但是当抽象概念开始产生时，语言和具象概念就会处于建构心智世界的地位。 洪堡特所说的概念是不是冀召通所说的处于语言与心智世界之间的中间部分？我认为确实可以这么说。在我们外部存在一个物质的、客观的世界，但是这个世界我们人类永远不会看清它的真面目，因为我们的世界是内心的心智世界。只有与外部世界建立了联系，我们自己内心的世界存在之后，我们才有了身处其中的环境。而反映外部世界的桥梁就是我们心中的概念。也

图 3 行远书院作业模板案例

行远书院有一个准则,当我们批评一件事情的时候,不能只是抱怨这件事哪里不好,而是要提出一定的解决方法,因为批评和抱怨往往只有一步之遥。行远书院成立的目的是为了解决问题,而不是为了抱怨问题。

作业中的开放性思考题有的时候真的很难,需要我们花费大量的时间去完成它。论点的提出不是理所当然的,每个论点都需要我们去课外寻找资料,寻找论据去支持它。当我们写完之后还要站在对立的观点上去辩驳一下自己的思考,去寻找一些漏洞。大家可以看一下(图 4),这是我刚进行远时候的第一次作业,整堂课的内容我就写了这么一点点,然后下面(图 5)是我现在的作业,每次作业大概都可以写成这样,少则三四千,多则七八千,每周要写两份这样的作业,一周复一周,我们就用这样不断的反思去磨砺自己的思考能力。有时候对比这些作业，真的是让我很感慨：付出加上方法，最后一定会有收获。

1、学习的过程：信息—了解—分析—重组—创新 2、博雅的理念 博：知识、视野、胸襟 雅：态度、标准、品味 博雅教育：学习的态度 思考的方法 人生的目标 3、生命与学习的层次性 4、自我定位①古希腊哲学三问 ②从“我”到“我们” ③扩展视野，从宏观宇宙与微观世界看人类	1、学习是一个系统的过程，目前我的许多课程的学习只注重知识的接收和背诵，就是连理解都未必能够做到，更加谈不上对其进行批判和重组从而进行自己的创新，这种学习方法只能够叫做学习如何考试。现在进入了行远书院，要把这种不正常的学习方法给改正过来，在行远书院，学习不是为了应付一时的测验，而是为了获得今后一生的知识储备，所学的内容不应该是背诵的考点，而应该内化为自己知识体系的一部分。今后学习的必要环节要包括预习、讲课、反思、讨论、复习、报告。 2、这段时间一直在问自己，参加行远书院的目的是什么？短期来看，用处并不

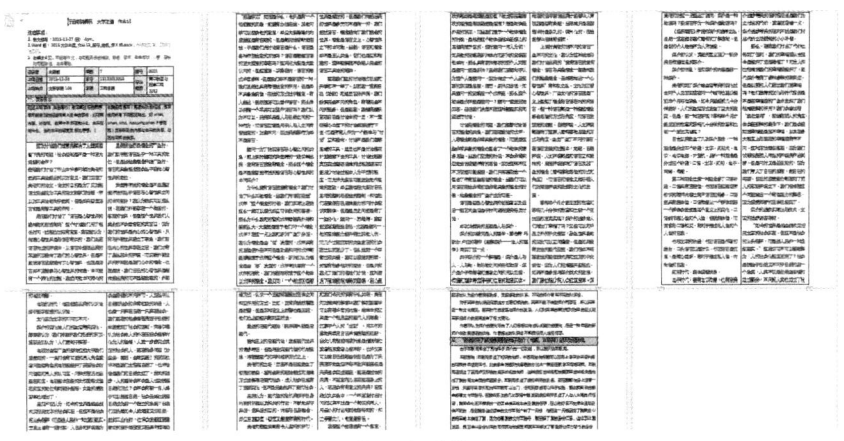

图 4　书院朱璟赪同学作业

图 5　书院朱璟赪同学作业

课堂学习和作业反思是行远课程的重要内容，课堂上老师带我们领略不同领域的风采，课后我们自己不断地充实，自我博雅，去完善知识框架，让它变得更加丰满。同时，也践行着老师教给我们的学习、生活、做人的道理，正是这种扎扎实实的学习方法，让书院的每一门课程都成为一场美妙的学思之旅。

我的介绍就到这里，最后衷心地感谢这四门课的任课老师：钱致榕老师、朱自强老师、马君老师和他的教学团队、邓红风老师、黄亚平老师、陈鷟老师，还有冷卫国老师，衷心地感谢你们的付出。

关于学习部分的另外两个极其重要的内容——助教制度和讨论制度就有请下面这位同学介绍，谢谢！

赵一鸣：老师们、同学们，大家好！我是行远书院零期生赵一鸣，来自管理学院2014级会计学专业。现在由我来接着介绍学习板块的其他内容。

在行远书院的课程中最有特色的就是讨论课和小助教制度，我们的讨论课形式就如刚才钱老师所介绍的，分成6到9个人的小组，每一个小组有1到2个助教，带小组的同学们进行讨论。书院的课程基本上采取的是一节课讨论加两节课老师讲授这样的形式，讨论课通常放在老师讲授之前，它的目的是为了让同学们在一周的时间里对课程内容进行沉淀和反思，从而能在下一周的讨论中领悟到更多东西。讨论课的内容或者说我们讨论的议题通常有两个来源：一是针对上一堂课的内容，老师提供给我们讨论题目，这些讨论题目是由老师在小助教的会议上与大家共同讨论确定，探讨这个议题的合理性；第二个来源就是同学们的作业，小助教在改完同学们的作业之后，会找出同学们在作业中提出的有共性或者有讨论价值的好问题，也就是说讨论课的议题并不是随便设定的，而是紧跟课程的内容和同学们的学习状况。

而提到助教，我想在座的各位首先浮现在脑海中的应该就是研究生。在海大，我们的课程助教通常都是任课老师带的研究生学长学姐，他们平时做的就是帮助我们老师批改作业，有时候会给我们带一些习题课。但是在行远书院，助教完全不同，小助教就在同学当中产生，也就是说助教和其他的同学一起上同样的课程。而助教的主要工作就是带讨论课和改作业，同时助教也是老师和同学进行交流的一个重要纽带。同学们对老师在上课中提出的一些问题进行思考,这些问题通过助教整理反馈给老师,而老师对于一些问题的理解,又会在讨论课中通过助教传达给同学们。大家可能会有这样的疑问,我们为什么要设置讨论课?为什么一定需要小助教呢?正如钱老师所说,讨论课就是一块磨刀石,通过讨论,我们逼迫自己不断地更加深入、更加广泛地思考,提升思考能力,实现自我启蒙。

在讨论课中,同学们要做的最基本的,也是最难的事情有三件。第一件事情是学会听自己讲话,第二件事情是学会听别人讲话,第三件事情是把自己的话讲清楚。学会听自己讲话,意思是说首先我们要知道自己的观点是什么,清楚并准确地把自己的观点表达出来;学会听别人讲话就是学会聆听,要听清楚对方说的观点到底是什么,在此基础上,我们才能实现沟通与对话;把自己的话讲清楚,我认为这是三点中最难的一点,就是要求我们在讲话的时候一定要注意逻辑性,同时要做到词可达意。

而小助教最重要的工作也有三件。第一件事情是课前的准备,可以说课前准备比随机应变更加重要。我们在课前要理清此次讨论的主轴是什么,分析问题的脉络,推测同学们会问出怎样的问题,对于一些问题又会做出怎样不同的回答,而接下去要怎样进行下一个环节的讨论。除此之外,小助教还要做的工作,有时候会是查阅更多的资料,为带好一场更有效的讨论打好基础。第二件事情就是掌控整个场面,讨论课是一个小组的讨论,不是两个人的对话,因此小助教在讨论时一定要注意观察每一个人的表现,在适当的时候进行干预。举个例子说,一场讨论中不要有一个同学一直都不讲话,或者说也不要有一个同学一直在说,变成一言堂。其次讨论课并不是自由放任地讨论,它有自己的主题,小助教有能力去判断讨论是否还在主轴上,并在适当的时候把方向调整过来。第三件事情就是一定要参与到讨论中去,跟上讨论的进度,有自己的想法一定要讲出来,不能做一个被动的旁观者。助教最特别的地方就在于,既是学生也是助教,处理好双重身份的关系,对于我们每一个助教来说都是一个极大的挑战。

通过讨论课,我想同学们最大的收获应该是锻炼了沟通交流能力。首先是要有宽容心和同理心,正如我们的校训"海纳百川",接受不同的观点,以思辨的精神代替一味地批判和辩驳,以理解与分析代替固执己见。第二是学会理解和尊重,每一位成员平等地对话,彼此尊重,即使有时候讨论到激烈处也仍然有理有节,不失和气。第三是拥有自信和底气,首先行远书院的讨论课是一片静土,参与讨论的同学应彼此信任,因此我们大胆地讲出自己的观点,清晰地表达与判断。除此之外,我想每一个参与讨论的同学都能够感受到观点的碰撞,获得对课程的内容,对我们讨论的同伴,甚至是对我们自己更加深刻的认识。

上一学期我有幸担任了"大学之道"这门课的助教,接下来的学期将会继续担任"中国文化传统"这门课的助教。在这段经历中,我想所有的助教都会有同感,做助教真的很能给人以锻炼和磨砺,这件事情给我们的心理素质、思考与思辨、观察、表达和团队合作的能力所带来的提升,我想可能是任何一项活动都没有办法达到的。首先最明显的一点,应该是我们对于课程的认识,在身为助教这样一种责任的无形监督下,会变得更加深入。其次,做小助教需要极强的心理素质,我想这一点也是大家收获最大的地方。很多时候会被问到完全超出自己预料的问题,但是现在经过训练,我们也变得不再惊慌,有条不紊地进行讨论。很多时候我们也会受到质疑,更多的时候会怀疑自己到底能不能做好一个助教。我们身上肩负着助教的责任,不光要为自己负责,更要为同学们负责,但是行远人永远不会退缩,不能让自己丧失信心,因此我们一直坚持,坚持到最后。我想每一个小助教的内心经过一门课程的磨砺之后,都会变得更加强大。另外,小助教最能得到锻炼的另一项能力就是观察力,从小的方面说,在一场讨论中,观察同学们的表现可以避免一些性格比较内向的同学有想法但没有机会说出来的情况,或者说有一些同学并没有跟上大家的思路;从大的方向来说,小助教应该通过观察,逐步了解自己小组成员的性格特点,在面对一些问题时,可以进行有针对性的引导。

除此之外，做小助教带领一个小组的同学进行讨论，非常有助于提高大家团队合作的能力。一场讨论并不是有了一个助教就万事大吉，同组的同学们彼此心领神会，配合融洽，才能够使一场讨论发挥最大的作用。

在本学期的小助教培训时，老师对我说："我觉得你和半年前完全不是同一个人了。"我与上学期带的同学进行一些日常的讨论，发现现在的他，与刚入院时的他相比也有了惊人的进步。很高兴看到了大家的成长，更加高兴自己没有辜负一个助教应有的责任，也就是刚刚钱老师讲到的，我们都有使命感。行远人永远也不会停下思考的脚步，学习、反思、交流、批判、碰撞、融合，这些过程虽然无形，却在我们的生命里如珠如玉、熠熠生辉。我一直非常喜欢资中筠老师在"启蒙与爱国"演讲中提到的自我启蒙，无论是讨论课还是小助教，都让每一个行远人不断地对这个世界和身处这个世界中的自己进行认识和再认识，不断地进行自我启蒙。正是自我启蒙，让每一个行远人，让行远书院在博雅之路上行走得更远。

以上就是我们关于学习部分的报告，关于书院的同学生活的部分，就由接下来的胡展翊同学为大家做报告。谢谢！

胡展翊：老师、同学们，大家好！我是行远一期生胡展翊，来自2015级行政管理专业。

刚才两位学长学姐为我们讲述了一个稍微比较严肃的话题，接下来我们来谈谈行远书院的生活。我猜大家对这个应该会比较感兴趣，因为大学生活嘛，肯定是多姿多彩的。如今我已在行远待了半年多的时间，至今还会有同学经常问我，我们的生活跟别的同学的生活究竟有什么不同。现在我就简单介绍一下，究竟我们的生活跟别的同学的生活有什么不同。我主要谈一谈具有行远特色的两个生活制度，分别是团膳和合宿。

首先我们来说一下团膳。什么是团膳呢？顾名思义就是"抱团吃饭"。每过半个月，行远书院的小伙伴们就会聚集在一起吃一顿中午饭，并且在吃完饭以后讨论一些有关于书院的事情。我讲到这里，这个介绍算是非常简单的,有不少同学可能就会想,其实这也没什么嘛,我平时和我的同学都是一起吃饭的。如果你们真的这么觉得的话,那就太天真了。相对同学与同学之间的关系而言,团膳固然能让我们增进感情,有些时候异性之间还会借这个机会升华一下纯洁的革命友谊,但绝不只是如此而已。请同学们试想一下,如果你们和平时在讲台上讲课的老师们一起吃饭,会是一种怎么样的体验?台下的教授和老师们也可以反过来想一想这个问题。事实上,行远的团膳不只有同学们参与,平时和我们一起上课的老师也会跟我们共进午餐。有同学可能会觉得在这个过程中,我们做学生的会如坐针毡,其实并不是这样。我们平时积攒下来的问题,还有生活中的种种困惑,都可以借由这个机会和老师们进行交流和分享。同时,老师们也可以借由这个机会了解到我们对课程的一些看法,做到教学相长,促进教学质量的提高。

接下来我想谈一下书院的合宿制度。合宿的意思就是将不同专业、不同年级的同学们混合在一起住宿。合宿强调的是一个"合"字。那么这与一般同专业、同年级的同学住宿相比,究竟有什么不同呢?第一点,我们的眼界可以因此变得更开阔。我们书架上文科的书、理科的书,各个专业的书籍都有。我在这里给大家举一个例子,我的隔壁宿舍住着一个学习应用数学的学长,平时做的一个非常重要的作业就是数学建模。同宿舍还有一个学经济的学长。不知道那个学经济的学长是不是以前被伤过自尊,反正对数学建模这个任务深恶痛绝。非常庆幸这两个学长至今还没有打起来。有一次学应用数学的学长在做一个关于滴滴打车的模型建构,恰好被学经济的学长看到了,于是强烈的专业精神让他不由自主地和建模学长讨论起这个问题,然后经过一番非常激烈的讨论以后,他就喜欢上了数学建模。再拿我自己举个例子吧,作为一名曾经的文科生,在两名理科生宿友的带领下,我一度混乱的逻辑思维得到了一个很好的矫正,以至于我现在能站在这里为大家做报告。

合宿制度的第一个好处就是,我们增进了对其他专业、其他年级,还有文理不同思维方式的理解,取长补短,成为一个全面发展的人,成为一个博雅的人。其次,合宿制度是将不同专业年级的人混合起来住宿,但是大家都是具有行远理念的、志同道合的人,会相互激励,一起努力,并且在这个过程中收获友谊。大家可以看这张图(图6),这两个学长在刚刚进入书院的时候肩负着书院比较多的任务,所以经常要熬夜到很晚。有一天其中一个学长突发奇想,就用手去拍宿舍的墙壁,想看一下对面宿舍的人有没有睡觉。结果过了一会儿,对面宿舍也传来了拍墙壁的响声,然后这个学长就很开心,因为发现有人跟他一样工作到那么晚。虽然说行远的学习有时候确实需要我们加倍地付出,但是苦中有乐、共同奋斗,大家就不会懈怠。

图6 书院合宿的同学深夜在并肩奋战

同时,合宿制度也为我们带来了一种归属感和荣誉感。我记得《论语·卫灵公》中有一句话,叫作"君子矜而不争,群而不党",这就是我们在合宿制度下切身体会到的一个的好处。

我们是行远人,这句话是小伙伴之间平时经常拿来开玩笑的一句话。比如说有人吃饭的时候,饭没有吃完,我们就会说"你是行远人,不能浪费粮食"。我们住在东区,东区的草地上是被人踩出了道路的,但是行远的同学如果在这个道路上走,有时候大家就会相互取笑,"你是行远人,竟然踩草地"。事实上有一次,上述建模的学长,还有拍墙的那个学长,两个人走在路上,讨论行远人的行事原则到底是什么,最后得出的结论就如钱教授一开始所说的那样,"文理兼备,自我定位"。但是不仅仅如此而已,因为觉得韵律不协调,所以那个拍墙的学长后面又加了一句话,叫"估算两三倍"。我们在行远书院是要学习估算的,就是对于生活中的一些事情要有一个基本的估算能力,而这个能力被我们反复地提上教学任务。这些虽然都是玩笑话,但可以肯定的是,我们在一起生活,为某一个共同的目标相互努力的过程中,建立起了属于行远人自己的荣誉感。如果没有合宿制度为我们带来的好处,这样的荣誉感是很难形成的。

团膳和合宿制度是构成行远书院日常生活的两个要素。团膳为我们提供了公共交流的空间、师生交流的平台,而合宿制度为我们提供了思维碰撞的土壤、共同前进的前提。正是凭着这些与众不同的制度,我们才能够在行远书院不断地提升和构建自我,不断成长,不断自立。谢谢大家,我的演讲结束了。

张子琰:感谢各位拿出宝贵的时间陪伴我们,大家下午好!我是行远一期生张子琰,来自环境科学与工程学院,2015级环境科学专业。

刚才展翊同学为大家介绍了行远书院的生活,如他所说,书院让我们在生活上自立,同时也教会我们在实践中自理。在一系列活动中,我们学着安排与决定、学着思考、学着提出问题并解决问题。这些自由和独立的背后,所要付出的就是加倍的努力,面对书院的大事小事,因为那句"我们是行远人",每个人都集思广益,出言献策,因为我们心中有一份责任感,而这份责任感的形成是一步一个脚印得来的。作为一期的负责人,我在竞选时曾经很纠结,这样一个崇尚思想自由和独立自主的地方为何需要一个负责人?而这个负责人又该如何做?如屏幕上显示的(图7),行远书院每期招生都会以民主投票的方式选出一个期次负责人。以往竞选班长,我知道班长是要做一个班级的领头羊;竞选社团负责人,目标就是要经营好这个社团。一直以来,我怀着诚惶诚恐的心情,因为行远书院的各位都是有着独到之处的人,在行远书院中,我一定不是各方面都最优秀的那一个,可是同学们教会我,做行远书院的负责人不一定要做拍板的领袖,也不一定要做全包全揽的统帅,每一个人都有自己的可能性。原来不善言辞的我也可以用坚定做大家的后盾,支持大家将想法落实为实际。

图7　行远书院的同学通过民主投票选期次负责人

相信很多老师和同学都有同感,外出旅行实在是一件麻烦的事,尤其是团队旅行。从前期准备到出行途中,团队都比个人要麻烦得多。去年暑假,行远零期的同学们组织了"发现青岛"的活动(图8),在活动前期,老师们的指导只有简单的一句话,"你们想让台湾来的老师看到一个什么样的青岛"。在有限的每人30元的预算和紧凑的两天准备时间内,零期的同学们从陌生到熟悉,从一无所措到学会分工合作,安排出两条不同的路线。同学们面对着巨大的课程压力和助教培训压力,还是腾出时间来思考,来准备。作为零期生的负责人,来自信息科学与工程学院的2014级光电信息科学与工程专业的崔晓宇学姐,她需要组织同学们参与一系列的分工、调查,把每一个细节细化,同时要尽可能有创意。她说开始的时候真的只是抱着玩的心态,但是渐渐发现,以玩的心态来做事是行不通的。就是这样,在艰辛的准备过后,同学们最终还是做到了。从执行者到决策者,大家换个角度感受到了不一样的快乐,这就是书院想让我们明白的。

图8　行远学生自主设计的"发现青岛"活动

书院给我们的自由不是放任我们去做放纵的事情,去过放纵轻松的生活,而是给我们肩上加了无形的责任。我们发现越是需要自己决定、为自己负责,每一天所需要付出的精力与时间也就越多。因此,在校园的路上,我们发现行远人总是步履匆匆,而行远的宿舍也总是灯火通明。在学校开辟的这块实验田上,行远人洒下了数不尽的汗水。在大事小事上,我们都面对着高水平、高标准的要求。在那次之后,我们慢慢积累了一些经验,在各方面努力下,于今年寒假走向了更远的地方,完成了首次出访活动。这次出访台湾地区,目的并不仅在于观赏风光,更重要的是了解那里的人、故事与文化。在台北,尤其是服务行业,信誉已经成为一种习惯,而一句"谢谢"是我们听到的最多的话。他们对于环保的重视与垃圾回收分类的细致程度,让我们认识到大陆还有很多有待进步和努力的空间。在政大,行远书院与博雅书院的同学们进行了多方面的交流与互动(图9)。我们参与到他们的课程中去,感受到了不一样的社团文化,了解了他们的男女合宿制度,同时发现他们自发保护濒危动物,关爱校园里的流浪猫狗。台湾之行的很多细节都值得我们珍藏在心,在那里我们收获了珍贵的体验与心灵的震荡。

图9　行远书院师生赴台湾政治大学开展交流活动

七天的交流结束之际,等待我们的是一场面向老师与博雅书院同学的报告。如上所述,每个同学都有一肚子的收获不吐不快,大家都认为不把自己的收获表达出来实在是太可惜了。为了这最后的报告,我们开展了一次讨论。在政大午夜的校园中,我们为了确定报告的大体框架,争得面红耳赤,不可开交,从晚上11点直到凌晨2点,我们的讨论不仅没有结果,反而不欢而散。这之后我们反躬自省,我们想书院教我们自己决定,不仅是让我们树立主人翁意识,更是带领我们探索一种人人参与的方法,对自己负责更是从"做事"延伸到"说话"。每一次的讨论中,我们都会对自己的发言负责,轮到自己发言时,尽可能言简意赅,不随意打断别人,提出问题必定要附上解决方法。现在的讨论我们会推选出一个负责人,由他来整理整个讨论的思路,带领同学们有条理地前进,并且做出总结。有了这种方式,我们现在决定事情的框架时再也没有像原来那样讨论到凌晨了。

种种事情教会我们,一个集体并不只是单独个体的集合,它还需要很多很多东西。加入行远书院不是为了日后的简历更漂亮一点,而是我们在这里学会了情感沟通,收获了友谊,在为他人着想时体会到了关怀,对于网络上那些所谓大学没有真友谊的"深度好文"一笑置之。书院对于我们而言更像是一块土地,它给予正在成长的我们以无限的可能性。谢谢大家!

王佳杰:各位听众,四位报告人的报告都结束了,相信大家已经对我们的成长过程有了一个大概的了解。那么在你们心中,有没有对我们成长变化的原因得出自己的答案呢?此外,你们也许还会问,行远人想要的到底是什么?值得这样付出吗?其实这样的问题我也认真地思考过,并且有些想法想与大家分享。

行远书院要求修够8门课,大约20个学分,而培养计划中通识层面的毕业要求只有8分。我曾经问自己,为什么要修这么多的、没有实际用途的学分呢?为什么要这么累呢?但是我冷静下来以后思考,什么是有用?什么是无用?这些博雅课程真的没有实际用途吗?是不是我自己有些功利,有些浮躁?更根本的问题是我究竟想要上一个怎样的大学,我究竟想要过一个怎样的人生?当我懈怠时,当我困惑时,我会怀疑甚至否定自己正在做的一切。可是我又想到、我又看到行远书院的其他同学,他们难道就没有现实的考量吗?那么他们为什么还在默默坚持,想要把行远之路走下去呢?

有一天凌晨一点钟,我写完反思,正准备睡觉,突然手机提醒来了新邮件,打开一看,原来是杨瑷菱老师发来了下一周课程的阅读材料。我的心底涌起一丝温暖,也泛起一丝难受,温暖是因为有人和自己一样,即便在深夜也在为了行远而奋斗,难受是因为瑷菱老师真的很辛苦,这么晚也不能好好休息,还要为我们处理繁杂的事务。这就是我们为什么那么迫切地想要建立自治制度的原因,因为我们想为老师分担压力。还有书院办公室的其他老师们,刚刚结婚的路哥(路越)以及即将入职的申国菊老师、曹慧秋老师,还有正在读研的赵琪学姐,经常忙碌到深夜,他们又是为了什么在坚持?

零期有一位李君仪学姐,她说行远书院是一片理想主义的新天地,这里的同学与老师们都有着奉献精神,而且他们能够互相感染。钱致榕老师也说，他没想到行远书院能够在几个月内就办起来，并且有一群傻里傻气的同学、老师，为了一个崇高却遥远的理念，嘻嘻哈哈地一起做着目前看来没有明确意义的事情。大家也可能觉得我们傻里傻气，但是我们还是很开心的。在深夜，我们为了课程刷材料码反思，我们互相比赛，我们也互相激励，互相勉励。在上个学期末，尽管每位同学都有十分重要的专业课需要复习，但还是想在有限的时间内把行远书院的课程报告做到尽善尽美。

刚才展翊提到的那位建模学长，他的期末报告是关于屋顶上松树的针叶数目，他运用自己的建模技能大展身手，查资料，跑数据，写论文，认真程度让大家赞叹。"大学之道"小组也是一样。我所在的小组为了赶时间，大家只好放弃睡懒觉，在东区食堂拼凑起桌子，一边吃早饭一边讨论小组课题，然后分工协作，紧密配合，列出时间表，收集材料，整合通稿，做出 PPT。我们在紧凑的过程中互相打趣，也彼此勉励。建模的过程真的很嗨，也很享受。钱老师提醒我们说，看看你们周围的这些同学，这些人将是你们一生奋斗的伙伴，当你觉得寂寞，觉得受到潮流的冲击而吃亏的时候，看到他们还在跟你一起做，你的信心突然又重新恢复了。假如说你们拥有一群价值观相同的朋友，大家就可以走得更远，并且当你摔倒的时候，有人把你扶起来，继续往前走，这可能是行远书院为大家提供的最重要的东西。

"只要有我在，行远没问题；只要有行远，海大没问题。"在大学之道的课堂上，当我被钱老师点名朗诵这句话的时候，心中有些不知所以然，但是现在一种强烈的情感在我的心中激荡。我时常问自己，我可以为行远书院做些什么？行远书院可以为海大做些什么？更高远的，海大可以为中国、为中华民族做些什么？

当然，我们也面临着一些现实的问题，比如说我们书院的同学们都普遍地面临这样一个选择难题，当专业和书院在时间上产生冲突的时候，我们该如何抉择？目前还没有想出很好的解决办法，但是我们在努力，努力通过充分挖掘自身的潜力，来协调两方面的学习和生活。我们也希望通过真诚的沟通来获得学院方面老师们的理解和支持。在书院结业之后，我们会用在书院学到的思维方法、讨论技巧、生活态度以及实践能力来深化对专业的认识和思考，为学院的发展贡献自己的一份力量。

最后，我们要向那些在行远书院创立过程中给予莫大帮助的领导和老师们表达感谢。创业维艰，如果没有来自四面八方的支持，我们真的不敢想象行远书院可以行得如此稳健。我们也不会忘记那些理解和支持书院的同学们，我们会努力做得更好，努力上好每一次课，写好每一次反思，做好每一次讨论，不负春光，努力生长！行远书院还在起步，我们已经走在海大的行远之路上，会脚踏实地继续把值得借鉴的理念与大家分享。我们也希望队伍逐渐扩大，让越来越多的人走在海大的行远之路上。我们在敲打着心中的方舟，当它建造完成时将满载着希望启航！

谢谢大家，我们的报告结束了！

最后的最后，在座的各位领导、老师、同学们，如果对本次报告有些批评和建议，我们会虚心地接受，如果还想了解行远书院其他方面的内容，书院的其他同学以及钱老师，会努力地给大家解答。谢谢！

提问：在座的各位老师、同学们，大家下午好！感谢给我这次机会。我有一个问题就是，行远书院下一期的招生于什么时候开始？对于2015级的学生能否参与面试以及后面的报名，有没有什么要求？谢谢！

王佳杰：这个问题由我们的院长回答。

钱致榕：书院目前的规划目标是，面对海大9月份要进来的新生，招生时间大概定在他们入校后的第一个礼拜。你刚才提到的两个问题，又跟一年前那些同学提的问题一样了。对于2015级的同学，去年有过一次招生，可能我们的宣传工作做得不够，没有碰到你，或者那个时候你还不识货，各式各样的原因在里面。招生是一个很困难的问题，我们曾经考虑到从二年级开始招，因为在刚入学的学生正在军训的时候招生是非常复杂的。不过考虑之后，我们想假如说一进来，从一上大学就开始训练他的话,他可以享用的时间比较长;比如说四年级同学再来上这些课的话,就没什么太大意义了。所以说越早越好。不过这样的话,显然对2015级的同学就不是很方便了。

有一点我们心里也是非常矛盾的,一方面真是想得天下英才而助之,不是教之,就是帮助他们成才;一方面,我们面对的是每年走进校门的好几千人。整个海大有几万人,我们所能做的只是一点点。但另外一点,如果真碰到好学的人,我们真是不忍心说"NO",不忍心向任何人说"NO"。比如说有很多人想来参加旁听课,其中有老师,也有职员,甚至还有外面的人带着孩子来问能不能参加旁听课的。

我稍微离题一点,一般来说,我们是海大的一分子,对中华民族有同样的责任,只要是能力所及的事,我们都愿意做。不过有一个大前提,就是不能干扰了我们的第一任务。第一任务就是把学生招进来,我们有任务一定把它做好。我们向海大承诺把一些课程开出来,一定要把这件事做成,不能干扰到这个任务。受条件所限,目前我们还挂靠在文新学院,为了方便,就在文新学院的大楼里面,在那个教室排好座上课,坐得比这儿挤多了,大概可以坐50个人,昨天已经坐到70个人了,真是挤得不得了。不过也没关系,常常回头想,最得意的事不是最有钱的时候,而是最辛苦,为这个理念、为这个理想在奋斗的时候。下学期为了可以让更多的人参加,我们大概会搬到比较大的教室里去,就到教学中心这边来。不过即使那样的话,假如有同学来听课,我想说的第一点就是,不要想来就来、不想来就不来,因为这对听课是很大的一个干扰。第二点,要来听课的话,一定要扎扎实实多参与,还有就是礼貌上,一定要跟授课老师谈一下,这个是规矩。我们到别人家去的话,不是闯进去,要敲敲门问一下"我能不能进来"。来的话可以跟我们的行远书院办公室讲一下,只要能够容得下,我们会欢迎你来;容不下的话,就告诉你下次请尽早。甚至有的同学是要来作为选修课学习的,我们也答应。不过有一点大家可以看到,这是一个非常精致的安排,每收6个学生的话,就得多产生一个助教,而助教的供应是有限的。所以开课的时候,大概可以开放1/10的名额,就是招60个人的话,可能会多6个人、多10个人来听课,我们还承担得了,可是多一倍的话,我们就承担不了了。

书院这个教学模式假如真的做成,推广到整个海大的话,整个体系就不成问题。因为海大3万个学生,到时候找助教就完全不成问题。可能要付费才能当助教也说不定。不过在此之前,我们想办法能够折中,一方面对真正有心想学的,给他一个机会;另外一方面,不要对我们已经承诺要做的事情有所损失。

回头再讲招生的事情,2015级的学生假如真有很多要报名的话,我们再从头考虑招生问题。大家可以看出来,我们对尝试新的东西是有相当大的勇气的。比如说我们现在的学生里面有一年级的,主要是一年级,有二年级的,还有少数三年级的,这些学生怎么融合在一起是非常复杂的一个问题。比如我们在开"物理与自然世界"课的时候,班上有些同学已经在海大选了整整两年的大学物理了,然后再来选我们这个物理课,对我们是一个空前的挑战。因为这些学生必须得选这门课,这是我们的要求,既然他选了,我们必须得保证他学到东西。如何让一个已经选了两年大学物理的同学进来后,在我们教牛顿第二运动定律的时候,他还能学到东西,这是一个很大的挑战。不过即使这样,我们还是做了,然后发现这些同学的确可以发挥作用,他们也在这儿学到了东西。所以我们还需要了解一下,是否还有机会招收2015级的学生,我需要跟我的同事们、行政团队去谈一下,跟老师们谈一下。

王佳杰:钱老师时间有限,我们再开放一个问题给老师吧。

钱致榕:好的,对不起,我一谈起育才就收不住。

提问:大家好,我是环境科学工程学院的老师(李锋民),在来这个会场以前,其实多次听说过咱们行远书院。行远书院成立之前,您来学校做报告的时候,我也参加过。刚才几位同学的汇报,给我们老师们的启发也非常大。但是我觉得同学们的角度和老师们的角度完全是不一样的,因为我知道咱们行远书院有一个很重要的创新,至少在海大里面是一个创新,是教学方法上的改变。同学们是学习方法的改变,学习态度的改变,但是对于老师来说教学方法上的改变是更加重要的。刚才您说了,如果您推广的话,那么整个海大3万多学生,受益非常大,但是如何去推广呢? 我想推广还是需要老师们去推广。所以我想给钱老师加一点点的担子或者是压力,不情之请,能不能给老师们开设几次课? 几次课也可以,我们很难实现一门课一门课地去讲。刚才您讲到现在咱们的教室容量是有限的,我们学院有一个大教室(笑)。我们学院这个教室大约能够容下150个人。如果咱们的同学有三四十个人,到我们那里去上课,然后请全校有兴趣的老师们,每次课能有几十个老师去旁听,那么我想这个推广的话,应该是速度更快一些。马君老师在上个学期末给我们讲过一次课,感觉马君老师讲课的方式方法变化非常大,所以我有这样的一个不情之请。谢谢您!

王佳杰:首先十分感谢这位老师愿意把自己学院的教室借给行远书院用,关于这样一个提议是否可行,不是我们学生层面可以考虑的问题。我觉得院长钱致榕老师随后可以再跟这位老师具体地商讨,那么其他老师有没有其他问题呢?

提问:谢谢! 各位老师、同学,大家下午好! 我是学校学生就业创业指导与服务中心的工作人员(辛远征)。听了钱老师以及同学们的分享后,我心里一直有一个疑问,我们的行远书院有没有为学生们将来的职业发展做过具体的考虑? 因为我看到书院设计的这些课程内容,大部分是人文或者是自然方向的一些通识课程,因为我在做创业方面的教学工作,所以了解台湾地区的生涯教育、生涯规划教育做得非常成熟,那么我想请教钱老师:第一,你们将来有没有考虑给学生开一门生涯发展教育方面的课程? 第二,就是您为他们将来的职业发展路径有过怎么样的规划? 谢谢您!

钱致榕:第一个回答刚才那位老师,谢谢你的建议,于我心有戚戚焉。下面是怎么做,有这个资源,很多事情就比较好办。我完全同意要推广就靠老师,教授是大学的灵魂,我们要往前去,灵魂必须往前去。我有一个感觉,海大有很多老师对这个事感兴趣,可始终没有机会凝聚起来,或者通过这一件小事,我们只是迈出第一步,希望有更多人跟我们一起迈出第二步、第三步,好吧?我们一定保持联络,今天只是第一次。

第二个回答这边老师的问题,生涯规划的确非常重要,我们关心的是学生未来50年。说实话,我对生涯规划是深有疑虑的。我从50多年前开始追踪,所有预计将来生涯会怎么样、行业怎么样,我的了解是都失败了,就是20年以后哪个行业最火今天也不知道,有人假如以为知道的话一定会猜错。所以我想更重要的一点是给他们基本功。还有一点,提生涯规划就立刻提到找工作。在22岁的时候,大学毕业生可以找到工作,那个工作是非常重要的一个工作,我们礼让给各个专业去做,专业有一百二三十个学分,专门就往那个方向走,我想我们不能抢尽天下人的饭碗。我们只能在这20个学分里面提供帮助,这是基本功。首先,同学必须要对自己有一个清楚的认识,一定要有自我定位,我决定做什么样的人,最后可以做成,这是一连串的问题。还有我想一定要了解一下世界的趋势,等到你我看清楚再分析的时候,已经太晚了。同学们要能够不断地判断这些东西,哪里是机会,总是往那个方向去走。

所以说我们能做的事非常多,比如在其他地方已经做过的,就是在团膳的时候,我把业界的朋友请来,跟大家一起吃饭。他们就讲最近业界发生什么事,当初找工作怎么样,原来他是一个经理,突然一下发现失业了,失业以后怎么样在两年之内再找到工作,怎么过渡。这些都可以分享。照你说的话,可能由你们中心来做比较合适。我们这是一群书呆子在这儿,是从亚里士多德、从孔孟学说讲起的,可是我们两个方向可以同时做。不过有一点,我想两位老师所讲的都一样,的确有很多东西可以一起探讨。

我们今天可能会形成一个共识,就是这项工作对民族前途是非常重要的,对同学自然也很重要。当然最重要的是,我们要站在自己的岗位上,利用有限的资源继续这样做下去。如果有新任务的话,我要跟同事们去谈,因为我们的任务已经增加了很多,原来讲只是办书院,后来突然又发现这些课程建设是我们的工作,而且昨天教务长告诉我,我们还有一个任务,就是今年学校要重启通识教育,我们要帮助教务处来完成这个工作。我们倒不在乎这些挑战,关键是资源非常有限,希望更多有兴趣的老师加入我们,与我们一起做。行远能做的只是一小部分,可能只是一个简单的突破工作,一旦突破以后就要推广,往各个方向去推。谢谢!我们保持联络,好吗?

主持人(李巍然副校长):下面我来主持。学者教授交流岂能只在会场?今天会上的交流咱们就到这里,当然会后的话,大家可以到咱们行远书院当面和钱老师,和我们行远书院的其他老师和同学深入具体地交流。下面请我们的校长于志刚教授给大家讲几句话,欢迎!

于志刚校长:我不是讲话,而是要谈几句感想。因为时间不早了,我讲得太长,大家恐怕会不喜欢。我也有很多问题,那么就先说出来,以免忘掉。我最想问书院的同学,你们在书院学习期间,感到最苦恼的、到现在还没有解决甚至还没有找到解决方案的问题是什么?不必修饰,也不管是什么,我觉得这些问题一定会有。你们今天整体上是展示了你们的收获、你们的成功,这个背后是什么呢?这个背后的困难和挑战可想而知。因为这个学期我也在当学生,每天晚上大概也要读50页的资料,所以你们讲的那些,我觉得可以用三个参照系来概括:第一个参照系是,我们海洋大学的学生在怎么学习,尤其是我们书院的同学在怎么学习,你们已经展示给我们,海大的主体大概是怎么来学习的,这一点在座的各位是清楚的;第二个参照系就是我儿子,他在境外读大学,他怎么学习,我知道,我也在了解;第三个参照系就是我,我现在也在当学生。我参加的也是研讨式教学,也要读几十页的材料,也得写作业,也得发言,还得选小组长。我也害怕当小组长,所以刚才环科院的张子琰同学,是吧?做期次的负责人,那很了不起,而且钱先生告诉我,一开始他还不太爱说话。我考大学的时候就怕当老师,所以就报了个工科,目标就是将来当个工程师。但是人生无法规划,我就不敢上北大,也不敢上中科大,他们告诉我,毕业以后60%以上的可能,是在大学里做老师。他们以为我喜欢这样的事情,但这并非我所愿。我愿意当工程师,就学工科了。谁能知道我后来还是当了老师,这个是没有办法规划的。但是我们的学生,就像钱先生说的,大学有责任帮助他们比较顺利地找到第一份比较好的工作,能够适合于他的发展,这也是我们学校大学生就业指导服务中心的职责所在,而且全校的老师、行政团队都是要做好这项工作的。这就需要更好地协调,口号很容易,"通识为体,专业为用",钱先生说了,关键在于怎么落实。所以我们现在把希望寄托在通识教育上。其实前期,全校的老师们也一起做了通识教育的探索,探索了十年,应该说取得了很大的成绩,但是探索永远没有止境。我们现在想再开辟一条强化通识教育的新途径,那就是办好行远书院,所以我们把它定位为通识教育改革示范区,希望它能成为真正的示范。今天这短短的两个小时,从钱先生的演讲到五位同学的汇报,我想我们能够看到这样的希望,应该有这样的信心。同时我想,既然我们把行远作为教学改革的特区,那就要从政策和资源层面上多支持它,一旦探索出行之有效的经验后再大力推广,这样做的代价和成本会小得多。当然,随着学校的发展,我想这些经验是可以慢慢推广的。

  今天大家展示的这些成果,让我感到非常欣慰。我觉得现在书院走的是一个比较好的路径,而且特别值得关注的是,我们用的是博雅的理念,是在做通识教育改革的试点,但我们没有用经典的意义来做。所以请大家注意,刚才有同学说,是一片理想主义的天地,没错!但是我们办行远书院不是培养那些不食人间烟火、关起门来研读经典的理想主义者,不是!我们的理念最终是要走行远之路,我们遵循"专业为用",最终还是要融入社会的。我记得魏然校长在很多年以前,在青岛人民会堂主持一个毕业典礼的时候,有句话令我印象极为深刻,就是同学们要"以出世的精神,做入世的事情"。我觉得这句话很朴素,同样,"通识为体、专业为用"说的也是这个意思。而且刚才有一位同学说,我们不怕不符合潮流而吃亏,很好!但是我坚信,不符合的潮流是指那些不正确的、短暂的、小时空尺度的东西,长远来看,我们如果有这样的理想,而且能够脚踏实地的话,我相信书院随着这两年不断地发展,后面的课程和研修的问题会越来越接近当代世界、当代中国、当代社会的实际。我相信大家用这样的理想和这样脚踏实地的态度来做事情的话,不会吃亏,得到的只会更多。当然这个"得到"不是狭义的,不是像有些人所理解的那样。我觉得无论是物质的还是精神的,从总体上来看,大家一定会得到非常丰厚的回报,这也是我们要让每一个人生活得更美好的起码的目标和追求。

所以从这些意义上来讲,我觉得非常欣慰。在这个过程当中,其实同学们今天没有展示的东西还有很多,我相信其中一定包括你们的眼泪或者心里的那些曾经有过的犹豫,甚至于觉得是一种痛苦。毫无疑问,你们要认认真真地读下那些资料来,先读懂了且不说——我想这已经非常难得了,还要把它写出来。同学们所获得的每一点一滴进步的背后,都是必须付出艰辛的,当然也是自愿的辛劳。同学们,我相信大家都已经付出了辛苦和努力,还有我们的老师,我们的瑷菱老师带着她的团队,还有各个部门同志的支持,大家都在尽自己的力量。所以在这样的氛围下,同学们取得了这样的进步,我感到非常欣慰。这一下子让我想起了2015年新生开学典礼,我曾经引用了纽曼在《大学的理想》中的一段话,他讲大学教育可以"教他客观地对待事物,开门见山地直奔主题,教他理清混乱的思想,弄清复杂的而摒弃无关的;能使他可靠地胜任任何职位,使他灵巧地掌握任何学科;使得他知晓如何与人和睦相处,如何想别人所想,如何把自己的想法告诉别人、影响别人,如何与别人达成共识,如何包容他人;他在任何场合都能应对自如,与各个阶层的人都能有共同语言;他知道什么时候该说,什么时候应当保持沉默;他能滔滔不绝地说个没完,也能安安静静地听得出神;他总是干脆利索,从不碍手碍脚;他是一个令人愉快的伙伴,也是一个你可以依赖的人"。这其实是用理想主义色彩对博雅进行的一种描绘,我们今天可能不会是他说的那个样子,但是里面蕴含的一些品质、那种品位,还是可以作为其中的底色之一的。

这次,我是请假回来的。钱先生电话说要做这样一次讲演,我觉得设计得非常好。首先钱先生不到一个小时、几十分钟的一个概览性介绍,然后五位同学又分享了自己的学习成果,我相信还有很多精彩,你们没有时间讲,今天主要是通过这四个同学的演讲和一位同学的主串,向我们展示了行远书院的几个主要方面、做法,我相信你们的收获还有很多很多。在不到一年的时间里,书院取得了如此稳健而快速的成长,我利用这个机会,感谢为我们书院付出各种各样努力的,包括给予关注和支持的所有老师和同学们!当然我也是这其中一分子,咱们大家一起努力,把我们这个书院办好,把我们学校的人才培养工作做好。我们的学生,我经常喜欢说我们的孩子们,他们真正成长起来了,那才是我们最大的幸福。只要能帮助孩子们——我不太喜欢用"教育"这个词,帮助他们成长起来,那就是我们在大学里面为国家做了最应该做的事。谢谢大家!

第四讲
考古学视角下的"中国"诞生史

主讲人：许宏
时间：2016 年 4 月 28 日

许宏简介

许宏，中国社会科学院考古研究所研究员及研究生院考古系教授。1984 年山东大学考古系毕业，1996 年获中国社会科学院历史学博士学位，现任夏商周考古研究室主任、中国考古学会理事、夏商考古专业委员会常务副主任。1999 年至今任二里头工作队队长，主持河南偃师二里头遗址的钻探与发掘，洛阳盆地区域考古调查等田野工作项目。研究方向为夏商周考古、中国古代城市考古、中国文明形成与早期国家的考古学研究。已出版专著《先秦城市考古学研究》《最早的中国》《何以中国——公元前 2000 年的中原图景》《大都无城——中国古都的动态解读》，主编考古报告《二里头（1999—2006）》。

讲座纲要

随着中国社会的飞速发展与转型，在学术上寻根问祖，解答何以"中国"——古今中国的路向及其动因问题，成为国人关注的热门议题。中国文明是何时何地如何起源的，又有怎样的早期发展历程和特质？如何从全球文明史的视角看待中国文明的初兴？本讲座将带你进入历史深处，讲述中国诞生的故事，省思探索者的心路历程。

主持人致辞

主持人（李华军副校长）：尊敬的许宏教授、钱致榕先生，各位老师、同学，大家下午好！4月1日，我们在这里举办过"行远讲座"第三讲，也是本学期的首讲，钱院长携行远书院的同学们在这里做了题为"博雅——海大行远之路"的精彩报告，与大家分享了博雅教育理念、行远书院成立一年来的发展概况以及同学们的学习历程，相信大家一定记忆犹新。今天我们在这里举办"行远讲座"第四讲，有幸请到了非常"接地气"的一位大家，他就是中国社会科学院考古研究所研究员、夏商周考古研究室主任许宏教授。

下面我向大家简单介绍一下许教授的经历。许教授毕业于山东大学考古系，是中国社会科学院历史学博士，现任中国社会科学院考古研究所研究员及研究生院考古系教授、夏商周考古研究室主任、中国考古学会理事、夏商考古专业指导委员会常务副主任。许教授长期致力于夏商周考古、中国古代城市考古、中国文明形成与早期国家的考古学研究，深受广大青年考古学生的尊敬与喜爱。许教授著述等身，先后出版了《先秦城市考古学研究》《最早的中国》《何以中国》《大都无城》等专著，并主编了大型考古报告《二里头（1999—2006）》（5卷），这也是我们国家社科领域的一项重大人文基础研究成果。许教授多年来潜心研究、破译"无字地书"，身上有着一股考古人的文化自觉，在挖掘历史真实的同时，更在学术上寻根问祖，以一个考古学家的视角审视中国文明的诞生与发展，用一个考古人的情怀解答"何以中国"。

今天，我们崂山校区的报告会现场座无虚席，另外还有鱼山校区那边的许多同学也在翘首以待，非常热切地盼望许教授的精彩演讲，所以我们以视频的形式在那边开设了分会场。现在让我们以热烈的掌声欢迎许教授！

讲座实录

许宏：大家好，很高兴有这样一个机会，让我重返美丽的青岛，并第一次来到美丽的中国海洋大学,和大家一起就我自己的专攻以及大家共同感兴趣的话题进行探讨,这真是一种缘分。正如刚才李校长介绍,我毕业于山东大学。山东大学和现在的中国海洋大学有很深的渊源,山大与海大毕业生之间有一种特殊的"校友关系",20世纪50年代山东大学才从青岛搬到了济南。我祖上也是山东人,具体说是在胶东半岛的烟台市。我在山东学习和工作了12年,所以对山东有着很深的乡土情怀,今天就是带着这样一种情感和大家一起交流。

说起中国人的情感一向是比较复杂的。我是谁、我们是怎么来的、我们站在什么位置、下一步该怎么走……这是每个中国人都在思考的问题。尤其是近年有多部以中国命名的书籍问世,比如说许倬云教授的《说中国》,葛兆光教授的《宅兹中国》和《何为中国》,还有我自己的、刚才李校长介绍的这两本书《最早的中国》《何以中国》。有的学者评价,这些书反映了我们国家和民族在经济快速发展和社会转型期的一种整体焦虑。从这个意义上讲,我个人的专攻就是——"中国是怎么走过来的"。这是每个中国人都特别关注的问题,尤其是我们经历了百年的阵痛之后。现在我们的大学设置基本上都是西方化的,教育制度、各种理念,包括衣食住行等都深受西方影响。但是作为中国人,都喜欢寻根问祖,这也是人类最基本的一个欲求。换言之,我们为什么要考古,为什么要研究历史?我觉得没必要做高大上的解答,首先就是要满足人类的好奇心。

在这种情况下,我们的祖先在百八十年之前就已经进行过深入的,甚至痛苦的思考了。从民国开始以顾颉刚先生为首的疑古学派,从科学理性的角度,整体颠覆了2000年以来我们深信不疑的三皇五帝的中国历史学话语系统。再往后,像胡适先生当时就说"东周以上无史",整个中国历史陷于虚无,这对于一个有着悠久传统的族群来说是一个剧痛。在这种情况下,考古学应运而生。因为传统古典文献中记载的东西不太可信,甚至有些要被彻底推翻和颠覆,那么中国历史的真实一面在哪儿?这也是20世纪20年代傅斯年先生在"中央研究院"创立历史语言研究所时所面对的问题。他在史语所杂志的发刊词上说了这样的话:"我们不是读书的人,我们只是上穷碧落下黄泉,动手动脚找东西……"不是不读书,而是除了读书本上的书之外还要读"地书",要寻找中国历史的真实面目。考古学从创立之初就不是所谓的"象牙塔"的学问,而是跟每个中国人都密切相关、要解答大家都非常关心的根本问题的一门大学科。

根据这门学科的特点,我把考古人的工作比喻为两大职业:一个是侦探,我们是在现场利用蛛丝马迹来复原历史的真实;第二个就是翻译,我们通过解读无字地书,把这些东西变成大家能读懂的知识。为了找到破译的语言,我们花了几十年的时间在田野中探寻。在一段时间里,我们的学科好像跟大家无关了。大家觉得考古学就是一门绝学,到现在我们觉得可以向大家来交代一下了:拿着纳税人钱的这些人究竟干了一些什么,我们是怎样来为这个国家和这个民族做出贡献的。

大家知道,实证精神和理性精神是科学精神的两大支柱。很多同学是搞理工科的,科学精神是当代学问的认知前提。有了科学精神,再看以前的历史,我们会感到很痛苦。特别是近代的这 100 年,在中国历史上是多灾多难的 100 年。最大的问题在于我们失去了以前的高度自尊自信。我们被打得清醒过来,清醒之后又颓废,感觉自己处处不如人。在这种情况下,我们该怎么走?我们该怎么定位?这就是一个很大的问题。所以民族主义不是一个贬义词,是必须有的一种朴素的思想,我们要建构国族认同。但是作为一个学者,在追求史实复原和建构国族认同的过程中,如何处理好这种关系,是百年以来中国学者纠结的地方。我们是否应该把国族认同建构在真实的——相对真实的、破解历史真实的基础之上?结论见仁见智。

不知道有没有同学听过易中天先生的演讲,非常富有煽动性。我本人也是如此。常有同学说,许老师一提起自己的专业来就富有煽动性、有激情,融在里边去了。易中天先生编的《易中天中华史》,开宗明义地讲中华历史,一讲就是从 3700 年前开始,3700 年以前基本上无从谈起。有的人认为易中天先生作为非纯史学专业科班出身的学者,没有资格来编中国史。任何人,当然也包括各类学者,都有资格来编、来谈、来写自己眼中的中国史,这没有问题,易中天先生当然更有这样的资格。他的具体提法,比如说中华史只能到3700年,是实说还是胡说?作为一个考古学者,在这里我要负责任地跟大家说,易中天先生是吸纳了包括本人在内的考古学者关于中华文明史研究的成果。每个人看问题的角度不同,他应该是从最狭义的政治实体这个角度来看中国的。这里有一个最大的冲突,就是我们传统教育说中国文明是五千年的文明,他怎么能一下砍去相当一大截呢?这不是"反动"吗?该怎么看这个问题呢?我们说易中天的说法并不矛盾,现在多元的思维是非常正常的,甚至这是这个社会进步的一大标志。如果说狭义地看,作为政治实体的中国只能上溯到3700年前那个时候,今天我主要就是给大家讲这个问题。

上面的说法是对中国最狭义的解读,它相当于说一个婴儿呱呱坠地,一个人的生命史从婴儿呱呱坠地开始,这是没有问题的。但是你要说那个生命体应该可以上溯到胚胎成型,怀胎十月里面胚胎成型,这个也没有问题。你要说它可以上溯到精子和卵子碰撞的一刹那,也没有问题。甚至你说再上溯,上溯到父方、母方恋爱,甚至父方、母方单独一方的诞生,也是后来婴儿诞生的前提,也没有问题。但是把中国上溯到旧石器时代有意义吗?问题的关键就在这里。

我们所魂牵梦绕的中国,或者是一说起来就非常错综复杂的像地理的中国、政治的中国、文化的中国、古代的中国、现代的中国,究竟该怎么看?其实考古学往往是不擅长解决动因问题的,我们首先观察到的是现象,即古代中国是怎么起源的。对于我们熟悉的广袤的中华人民共和国这个版图,我更愿意用地理的概念将它称作"东亚大陆",因为在我所阐述的3000到5000年前是没有一个庞大的"国家"的。在东亚大陆板块里面,最初真正作为核心文化的一个实体,不管是叫广域王权国家,还是叫国上之国,只是产生在被我们称为中原的这样一个狭小的地域范围里边。最初的东亚大陆是满天星斗,为什么到最后只有中原这个地方崛起,后来奠定了中国诞生的基础呢?我们有学者借用生态学"边际效应"这个概念来解释。我们从这里引申出,在我的那本小书《最早的中国》里边曾有过一个小节的标题叫"杂交出高度文明"。我们看这条虚线（图1），它被称为"胡焕庸线"，即中国第一条人口密度的对比线，是我国著名的地理学家胡焕庸先生在 1935 年提出来的，就是整个广袤的国土可以以这条线为界，从大兴安岭一直到西南山脉。自古以来，中国东南地狭人稠、西北地广人稀似乎早成事实。大家看这条线，最直观的，线的东南是绿色的，西北是褐黄色的。由

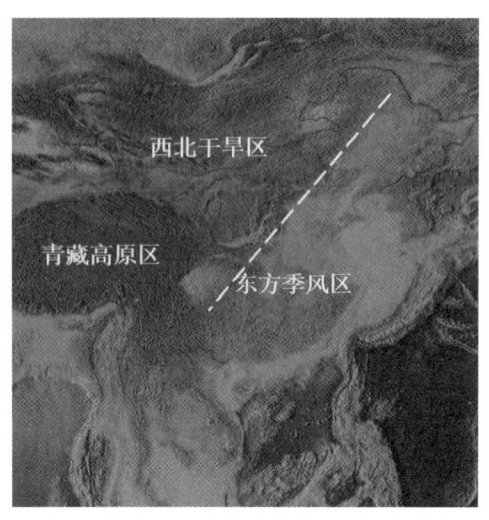

图 1　中国人口密度对比线——胡焕庸线

此分为两大板块，多雨的地区、干旱的地区，季风区、寒流区，农耕区域、游牧和畜牧的区域，稻作的区域、旱作的区域，此外还有考古学器物鼎、鬲的分布区域等，都是以这条线为界的。比如说鼎，三足鼎立的"鼎"，它的三足是实的，三个实足叫"鼎"。而三个空足像奶头状的那种烹煮器物，我们管它叫鬲。鬲的分布板块是西北地区，鼎的分布板块是东南地区。这条线的两边在新石器时代都有辉煌的文化，尤其是跟现在一样，东部发达，我管它叫"东方先亮"，东方这边的社会先复杂化了，但是到最后两大板块都没有各自形成高度发达的文明，而是在交汇地带出现了最发达的王朝文明，大体上就是这样一个脉络。

我们再从学理上看。从司马迁的记载开始，三代王朝夏、商、周是华夏族的成丁礼，之前则是悠长的婴儿和少年时期，从这个时候开始成熟起来。然后有了一个比较大的王朝国家。但是究竟是夏还是商，现在还有争议，我们看这个表（图2）就比较清楚。一直以来，历史文献学和考古学两大话语系统并存。这两大话语系统最初是边界明显的：一边是历史文献上的伏羲、女娲、三皇五帝、夏商周王朝；一边是考古学上的前仰韶、仰韶、龙山、二里头、二里岗时代。这两大话语系统的合流是在殷墟。为什

么是在殷墟？有一个绝对不可逾越的条件就是，当时有可以证明自己族属和王朝归属的文字材料出现，这才可以把两大话语系统整合。以后的西周、东周、秦汉魏晋都可以证明，但在那之前没有文字材料，没有史证。在前殷墟时代，如果我们把考古学遗存跟它的族属、王朝归属相对应的话，都只能是推论和假说。就是因为它没有直接性的文字材料，所以在大的历史分期上，我们习惯于把它分成历史时期（History）——有明确文字记载的时期；原史时期（Protohistory）——文字开始出现，但还不足以解决狭义的历史问题；史前时期（Prehistory）。基本上就是这样一个脉络。

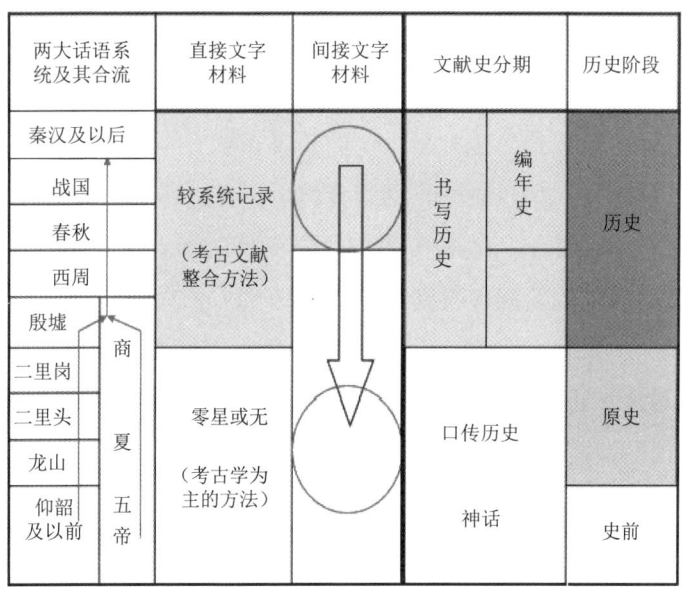

图 2　史前、原史、历史阶段划分与对应史料

考古人有个职业病，就是在探讨问题时，首先要给出明确的时空框架。我们看这个大的时间框架，是有不同的话语系统的。图2最左边这些是考古学的话语系统，在前文字时代，恐怕这是具有比较大的确切性的。看右边这个，大家知道这是国家级的夏商周断代工程给出的框架，属于历史文献学的话语系统。中间这个是我个人，或者是包括我个人在内的一部分学者这样认为的，就是偏保守的，在甲骨文发现之前我们不清楚夏和商的具体考古遗存，还有待于进一步探究，所以要打一个问号。

百年以来，学者们筚路蓝缕做了大量的工作，正是由于这些探究，中国的考古学才在世界范围内占有一席之地。我们国家在考古学诞生之初，就由本土学者主导考古工作，这在世界范围内都是十分罕见的。无论是埃及还是两河流域，包括印度，考古基本上是由欧美人主导的，他们强调所谓相对客观的研究，而中国学者是研究自己的祖先，可以说是从学术上的寻根问祖。这样一来，我们就不可避免地要把个人的情感，把自己作为中国人的情感融进去。这当然有好处，这种骨血相通使得我们的甲骨文一旦进入民国大家的眼中，马上就可以通过像《说文解字》这样的桥梁，很快被破译成功，而不至于像商博良破译埃及罗塞塔石碑[①]那样，需要不同的文字在一起才能通过那个做桥梁来破译。其中有些已是死文字，到现在完全破译不了，比如说印度河流域出现的文字。但这种情结和情感就导致其融入我们的研究里边，一方面我们有丰富的历史文化传统，有丰富的文献，同时我们也把证经补史作为20世纪下半叶中国考古学的一个重要研究目标。有大量的学者参与包括二里头在内的夏和商遗址的发掘和研究，甚至展开论战，这里就不多说了。

刚才为大家展现的是一个大的考古学时空框架。从历史学阐释来讲，大家可能注意到了，我们正在逐渐放弃奴隶社会、封建社会的这样一些概念。比如像封建社会这样的概念，完全是误译和误用，完全不符合中国的历史实际。如果说中国有过封建时代的话，那么它应该指的是秦汉帝国之前西周王朝"封邦建国"的那个时代，它是一种政治的分权化，而不是后来大一统的、郡县制的、中央集权的东西。中国可能出现过奴隶，但是没有什么证据能证明当时存在过一个叫奴隶制的时代。在中国国家博物馆"古代中国陈列"中，开宗明义就说我们已经放弃了这套话语系统，但是在该馆对面的"复兴之路"那个展览上，半封建半殖民地社会这样的说法还有，这实际上也是社会进步比较大的一个表现。我们倾

[①] 1799年7月15日，拿破仑侵略埃及的军队中，一名上尉在埃及港口城市罗塞塔附近发现该石碑。石碑是公元前196年托勒密王朝时代刻制的，上面有希腊字母、古埃及象形文字和古埃及通俗文字三种对照。

向于用社会发展、社会组织形态来划分大的时代，邦国时代就是没有中心的多元化时代，王国时代就是有中心的多元化时代。那个时候，比如说二里头出现了，商王朝出现了，顶多是盟主，而不具有像后来帝国郡县制那样绝对的行政统驭权。等到了帝国时代，那就是一统、一体化，基本上是这样三个大的阶段。

要谈中国问题，中国是不能自外于世界的，在古代也是这样。我们借用日本学者的一张图（图3），目前国内还很少有人在全球文明史的视野中来考虑古代中国的问题。所以现在看来，在新中国成立后的前30年，中国不光是在政治和经济上，跟后30年相比有较大的变化，受社会思潮的影响，在学术界我们也有一段相对封闭的状态。到现在为止，尽管改革开放也很长时间了，这个影响还不能说一点都没有。如果放眼全球的话，日本学者在20世纪80年代初的时候，只把中国文明放到殷墟时期，或者再早一点，相当于郑州商城二里岗这个时期，我们给它加上了二里头，前面还有龙山，再往前还有大汶口、良渚、仰韶这样的文化。5000年前是不是出现了国家这样的政治实体，这还有待于探索；5000年的文明是不是出自于大范围的人群认同和悠久的文化传统，都有待于进

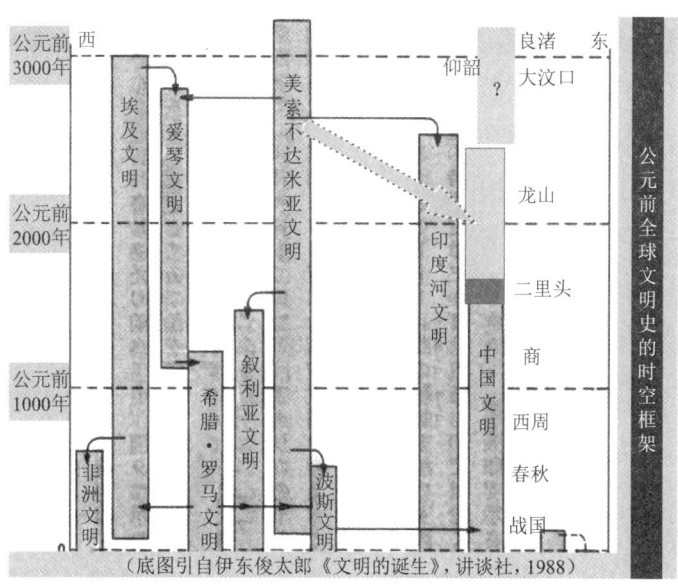

图3　公元前全球文明史的时空框架

一步探索。可以做一个比较,像中国文明是不是出现得很早,受没受过外来的影响,这个话题在前30年有些是不能谈的。如果是中华人民共和国境内的都好说,我们是兄弟姐妹互相来往;如果是外来的,我们就得考虑一下,就有所忌惮。甚至前苏联学者写的关于中国文明起源问题的书,也是被我们作为批判材料翻译过来的。相比之下,现在的学术环境是大大地好转了。在这样的情况下,我们应该特别注重中国文明在整个全球文明史范围内,它究竟处于一个什么样的位置。我们最先翻译的著名学者布鲁斯·崔格尔的书是2003年的,这已经是十几年以前的事情了,但对于中国读者还是比较新的。我们看,他在测年上,和我们现在的最新成果相比已偏旧。所以中国学者是完全可以参与到全球文明史的建构里边去的,在这之前我们的工作做得远远不够,因为我们要把汉语转换为能进入英文世界的东西。此前钱致榕老师的朋友张光直先生,做了大量的此类工作,现在我们还在继续做。

实际上,这张图(图3)是可以表现我个人的古史观或者是文明观的,就是中国是不能做无限制的上溯的,就跟刚才讲的一样,一个事物总是有其发生、发展、演变的历史。我们说的国家这种社会复杂化的产物早就有了,在中国之前,从文献中看就是"禹会诸侯于涂山,执玉帛者万国",就是大禹会诸侯那个时候已经有一万个国家,当然这是虚数,那个时候就是万邦林立、万国林立这样一种情形,我们把它称为前中国时代。那个时候还没有一个大禹出来治水,这只是象征,但从那个时候开始有社会整合了。现在的中华人民共和国的版图面积跟现在的欧洲差不多,而"大禹会诸侯"时的政治态势跟现在的欧洲几乎也是一样的,那就是邦国林立,而不是说有一个大的政治实体。最初的时候,从东到西有多个区域性的文化或者是文明出现了。那个时候东亚各地居民特别爱玉,玉石加工特别发达,最初就是利用物理变化把玉石做成人工制品。后来青铜产生了,但青铜是怎么来的还有争议,越来越多的证据表明,东亚大陆的青铜技术应该是引进的,是受外界影响做出来的。青铜出来之后,就导致整个东亚大陆面貌的改变。大体上在距今4000年前后,有一个大的断裂,从那儿开始,像二里头、二里岗、殷墟文化就是所谓的夏商文化,这样大的中原文明出现了。我现在是二里头考古队的队长,二里头这个遗址既不是最大的,也不是最早的,但它是整个东亚大陆人类群团从多元走向一体,从满天星斗变成月明星稀的这么一个节点,而青铜在其中起到了极大的作用。

所以我们有一个概念就是"China before China",如果说二里头是最早的中国的话,那在二里头之前没有哪一个政治实体可以称为中国,因为基本上都是没有突破具体地理的单元,比如一条河流、一个盆地,没有突破这样的框架。龙山时代就是这种状态。如果分区的话,黄河流域和长江流域比底格里斯河和幼发拉底河的两河流域要大得多,考古学家称之为东亚"大两河流域",就是这样邦国林立的一个态势。

我的一个专攻方向是城市考古。中国是个多灾多难的国家,中华民族是个多灾多难的民族,现在给大家的感觉都是无邑不城,到处都是城址。古城的城墙都有封闭式的堡垒,用于防御,最初就是因地制宜。我们看第一种城址类型水城,那就是长江流域,以环壕为主,城墙就是这种堆筑的。在黄河流域、黄土地带,大家知道直立的这种黄土特别发达,特别适合于版筑,现在山东、河南这边做蔬菜大棚,都是夹两个板,然后把土放进去往上夯,这可以说是土城。再往北,我们看看河套一带、内蒙古中南部一带,石头特别多,就出现了石城,这些都是因地制宜的产物。这些大一些的圆点(图4)画的都是当时那些邦国的中心所在地。

第一种城址类型以良渚文化为例,良渚位于现在的浙江省杭州一带,比二里头早。约公元前3300

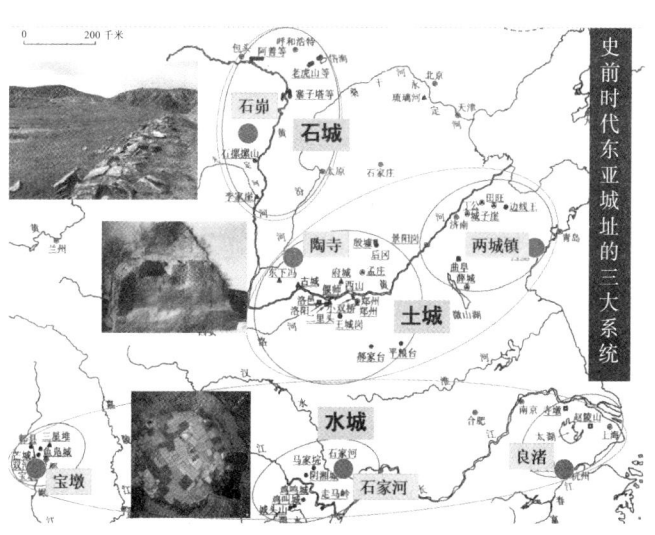

图4 史前时代东亚城址的三大系统

年到2300年以前,一个高度发达的政治实体发展起来了,用玉的文化和技术非常发达,这就是我说的前中国时代满天星斗中最亮的群星里的一颗。良渚文化有专门的贵族坟山,里面的玉器是非常精美的(图5)。

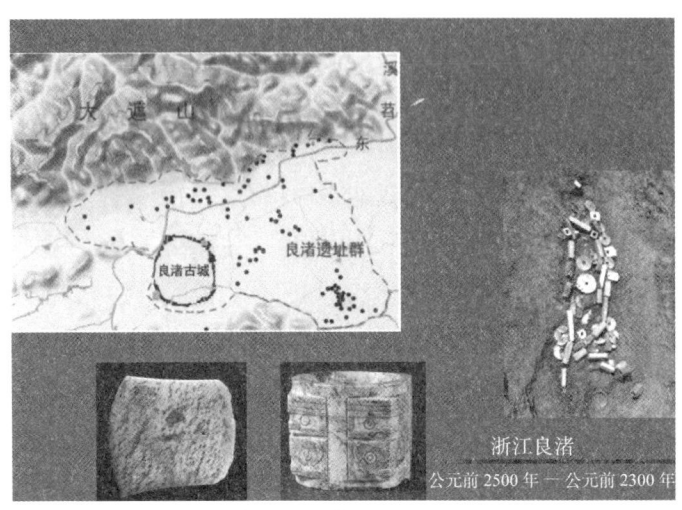

图5　良渚文化贵族的坟山和玉器

第二种城址类型以山西陶寺为例,黄土版筑的城墙。这里面除了贵族大墓,就是陶器上的朱书文字。朱书文字也是最早的文字之一。中国古代礼乐文化盛行,那个大磬,虽然打制比较粗糙,但是它表明当时已经有乐器这样的东西了。这里出土的彩绘龙盘也比较有代表性,龙跟中国文化的关系是很密切的。

任何历史悲喜剧都是上演在地理这个大舞台上的。山西可以说是一块宝地,是许多文明的发源地,处于"两山夹两河"的地理位置(图6),在黄河以东、太行山以西,南边有中条山挡着。所以,其中很发达的东西走不出去。山西陶寺可谓"有大邑未成大国",陶寺很大,也吸收了好多文化因素,但没有像后来的中原王朝文明那样,向外做大范围的辐射。为什么呢?我们再往后看就很清楚了,比如说在西周时期,晋文化是西周文化的典范,但是它再兴盛也没有走出山西。不过到了战国时期三家分晋时,韩赵魏一旦分家之后,都把自己的都城从山西迁到了河南或河北,从而成就了战国七雄的霸业。我们继续往后看,北魏拓跋鲜卑少数民族是从东北起家的,先是把都城放在大同,但后来孝文帝改革,逼着这些贵族把都城迁到了洛阳,随后成就了统一北半个中国的霸业。这里讲个小插曲,我到山西去,给大家讲最早的中国,但要是光夸河南,怕山西的朋友不高兴,我就说我得有个开场白,得跟山西父老乡亲说清楚为什么是这样,但他们说:"不要紧许老师,我们再给你加上两个例子,李唐起兵于太原,在哪儿成就的盛唐霸业?阎锡山模范省长到底还是敌不过蒋公,是吧?"所以说,地理位置是太重要了,一方水土养一方人。我一直在想,我们生活的土地,许许多多文明进程,包括现在、未来,都受制于这个地形大势、地理空间,这有很重要的影响,甚至这就是我们的宿命。这也是我们看问题的一个角度。

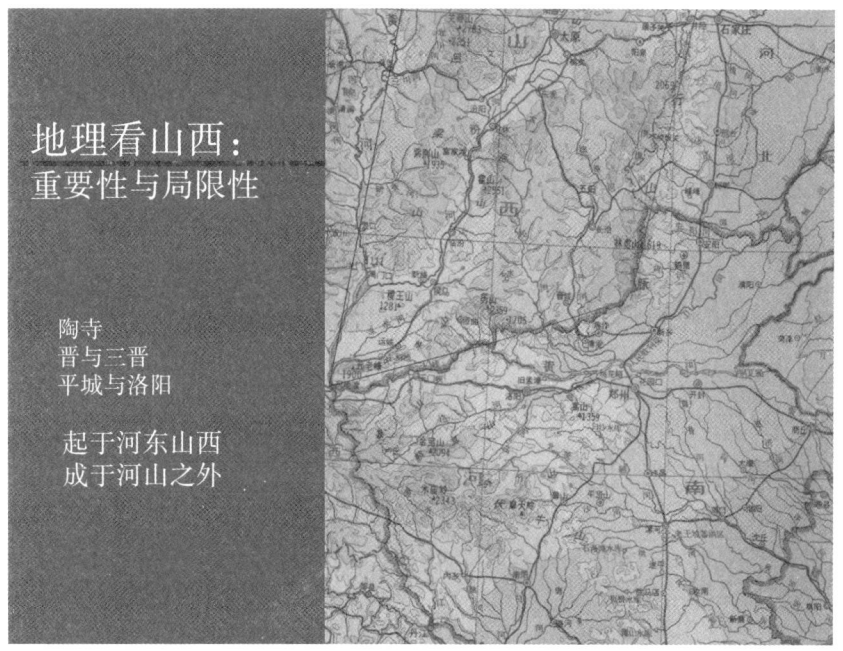

图 6　地理看山西:重要性与局限性

第三种城址类型是石城,以神木石峁为例,在陕北离内蒙古沙漠地区很近的地方,几乎是不毛之地,居然还有史前时期最大的城址出现,是用石头砌成的。大家看这些人物的雕像(图7)有点"非我族类"的感觉。神木石峁的发现有什么重要地位呢?有些学者说它可能是黄帝的遗存,但是重要性并不在这里。当然,黄帝是土生土长的中国人吗?这也是个问题。黄帝号称轩辕氏,最拿手的是"以师兵为营卫",善用兵车,而车完全是外来的。在青铜时代及之前,在约500年前的大航海时代之前,西北地区才是中国改革开放的前沿阵地,等于说陕北的重要性就在于它是连接欧亚大陆内陆和中原地区的一个纽带和桥梁,这样一看就明白了。

图 7　神木石峁遗址

最后发展出来的是中原文明,那么中原一开始就很"高大上"吗?实际上不是,历史文化都有发展的区域不平衡性。据考古学的观察,最初还是"东方先亮",就跟现在一样,有比较大的文化上的差异。那么中原与其说是一个地理的概念,不如说是一个人文的概念,一定得是文明碰撞、群雄逐鹿,才有了中原文化大发展的际遇。

美国著名汉学家吉德炜教授曾提出过"东部沿海文化因素在后来中原青铜时代文明中是第一位的"这样一个论断。他对中国区域间的文化交流给予了极大关注,并敏锐地注意到公元前3000年前东部沿海的文化因素开始进入中国北部和西北部。就区域文化而言,我们是带着情感来做学术上的寻根问祖的,全国各地的人,也都对自己所在的乡土有一种自豪感。这样就使得国内的优秀学者在论述几千年文化发展的时候,都会尽量淡化各地历史文化发展的不平衡性,一般说各地各有特色,相互交流、共同进步,这样大家都能接受。相反,如果你说这个区域很先进,那个区域很落后,这会引起某些地方学者的不适,这一点非常有意思,他很自然地就把自己跟他的祖先联系在一起了。但是"他山之石,可以攻玉",我们看吉德炜教授,作为一个国外学者,他的有关分析非常高明和客观。在前殷墟时代,我们可以说不清楚二里头究竟是夏还是商,说不清夏商是怎么回事,那是狭义史学范畴的问题。但是吉德炜教授通过对史前的、生活在东亚大陆人群的研究,勾画出了他们的文化特质,把华东、华西划分成两大群团。比如说,中西部地区,从彩陶一直到兰州拉面、山西刀削面,都是用大碗来盛,甚至带破碴的那种大碗,吃完面再喝汤,一器多用,这样的风格一直延续到现在。与此形成对比的是,东南沿海地区,做的东西注重棱角,像这种三足器,这些器物一定是先分头做,然后组合起来的。吉德炜教授从器物的组合来推想当时人们思维的复杂化,推想当时的制作是需要有一定的组织与管理的,从而可能会导致思维的复杂化,甚至这种合作会导致语言的复杂化。而这种思维和语言方面的复杂化,使得整个东部的中国人在最初的时候是走在前列的,然后大家逐鹿中原,到最后才导致一个更高的文明实体出现。

说到中国的饮食习惯,南北方的主食完全不同、生活习俗完全不同,但是后来由于文字和整个政治架构的因素,被融合在了一起,这其中也有不少问题有待于探究。

考古学者观察到的现象是,在所谓的夏王朝初期,还是一片逐鹿中原的景象。夏王朝一般认为始于公元前21世纪,夏商周断代工程给的年表是公元前2070年,这是一个大致的数据。但是在此前的几百年,一直到所谓夏王朝早期,各地的文化势力纷纷向中原地区渗透。从二里头出土的东西我们就能看出,有来自山西的、来自湖北的、来自山东的……大家都到这个地方来逐鹿中原,究竟是为了什么呢?这还有待于进一步探究。但至少是从现象上,我们能看出来,那个时候还没有出现一个能被称为王朝的强大的中心。打了几百年,到最后在二里头崛起的前夜,我们看到这些城址林立的小国相隔也就是30多千米,相当于县城与县城之间的距离。无论在山东还是在河南,这些人口相对密集的城址,对资源的利用还是各自为政,甚至还处于相互对立的状态,我们还看不到明确的王朝气象。到二里头文化之前,一个更大的聚落崛起了,这就是新砦大邑,有点社会整合的态势。这样一来,跟历史文献相关联,如果做文献本位考虑的话,那么在公元前 2000 年前后,也就是耶稣诞辰前两千年——按理说耶稣诞辰跟我们中国人没有什么关系,但是恰恰在他诞辰前 2000 年左右那个时候,我们华夏民族的成丁礼夏王朝出现了,而我们在考古上还没有看到所谓的"王朝气象"(图8),这说明什么呢?说明我们对文献要做进一步的审慎研究,因为那些文献都是夏王朝灭亡 1000 年之后,战国到汉代人的追忆。如果我们的后代认为我们比他们更熟悉离我们 1000 年的宋代的话,我们会同意吗?除非我们有考古新发现,否则就没法比我们的后代更了解宋代,基本上也是差 1000 年,就是这样一个概念。

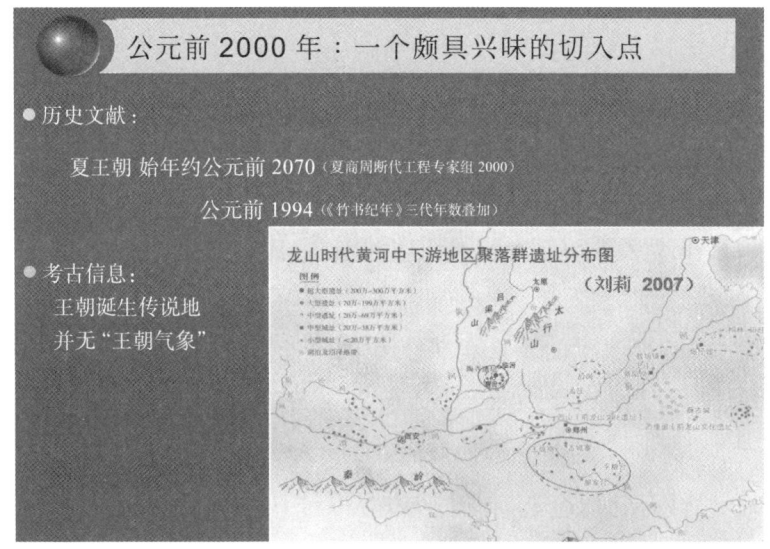

图 8　公元前 2000 年:一个颇具兴味的切入点

这样从学理上来说,我们就会明白为什么在考古学上搞不清楚究竟什么是夏、什么是商了。请看二里头、偃师商城、郑州商城、洹北商城和安阳殷墟,大家耳熟能详的这么多重要都邑,究竟属于哪个王朝的哪座都邑,几乎每一处都有两种及以上的可能性。但是到了商代的武丁到帝辛,就是商纣王那个时候的都城殷墟就能够说定落实,因为甲骨文出现了。我们管这之前的历史叫 Protohistory（原史）。"原史"这个词是日文词,汉语中有不少都是日文词,比如"哲学""干部""科学"等,非常精炼、准确、好用。"原史"这个词本来也挺好,但是由于它跟我们原始社会的"原始"在发音上是一致的,这就导致不太好用,但是我觉得这个词还是很重要的。

我们在考古学上观察到的这些现象,虽然说不清楚是商还是夏,但是中国文明是礼乐文明,这是相当清楚的。青铜时代来临后,我们并没有把青铜做成农具来改善我们人与自然的关系,也没有像三星堆那样,把它做成祭祀巫鬼或用于巫术、祭神的那样的东西,而是把它做成青铜礼器,用来祭祀祖先,这就属于政治立国。这样一套器具是具有中国特色的物件。那么它是怎么来的？我们可以一直往上推。因为考古人是侦探嘛,就靠这些蛛丝马迹,来做独立于文献的探究。如果仅凭文献,别说 3000 年前,就是 30 年前的事我们也说不太清楚。所以,我们对文献不能尽信。在中国这个最早的大的青铜礼器群——二里头礼器群出现之前,我们只发现了一些零星的复合范铜铸件。这一点对中国青铜文明而言太重要了,也是很难得的。"模范"这个词在中国很流行,所谓"模范"本义就是内模外范,这在青铜铸造技术中是一个最重要的术语。德国著名汉学家雷德侯教授的《万物》一书,就是从模件和它的规模化生产,引申出中国人的行为方式甚至思维方式。像汉字的偏旁部首,也就那么几个,却让中国人出神入化地造出了那么丰富的汉字。青铜铸造也是如此,我们现在把"模范"作为中国的一个表征是非常形象的,本来外边的青铜冶铸技术被我们吸收来的时候是非常简单的,但是一旦到了我们这儿,就会被几千年模制陶器的传统所融纳。大家知道好多陶器都是模制的,在青铜技术引进来之前,做陶器就是用模具来做。这种源远流长的模制传统,跟外来的青铜技术相结合,铜水往模具中浇筑,这么大的一个鼎就出来了,这是一个极大的创新。中国人要么"山寨",要么创新,有些工艺不一定是我们原创的,但是一旦到我们这儿来加以改良提升,我们制造出的产品就屹立于整个世界青铜文明之林了。(图 9)

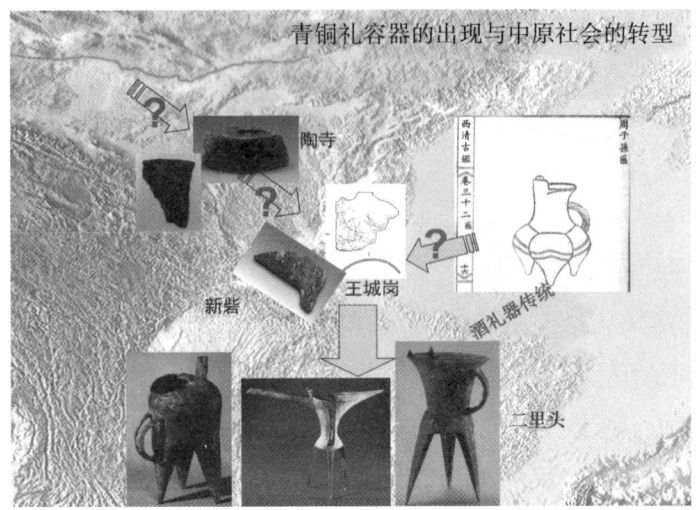

图9 青铜礼器的出现与中原社会的转型

说到二里头文化,我作为二里头考古队的队长,有点"老王卖瓜,自卖自夸",但之所以要浓墨重彩地向大家推介二里头也是有原因的。二里头所在的洛阳盆地,地处中原腹地(图10),就是在黄土高原和华北华中大平原的交汇地带,就是这么一个1000多平方千米的小盆地,在2000多年间有1500年以上、13个王朝在这儿建都,这在整个世界文明史上都是非常罕见的。

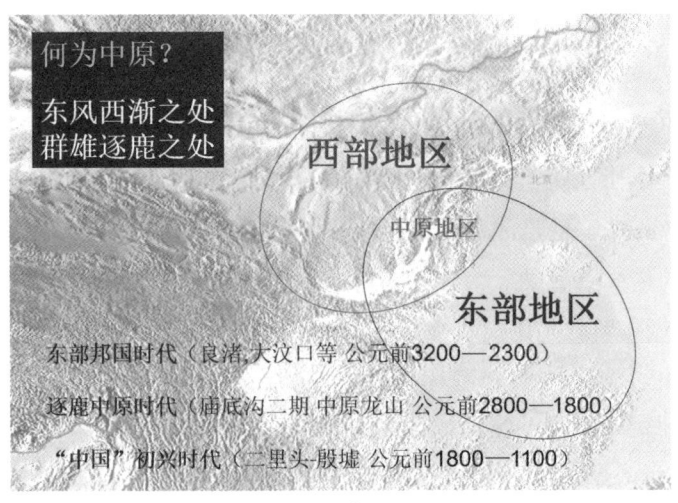

图10 二里头遗址地理位置

二里头所在的地方,北依邙山、南邻古伊洛河。而"生于苏杭、葬于北邙",这是中国古代士大夫的人生理想,所以如果说在中国各地,文物破坏非常严重,几乎是十墓九空的话,那么在洛阳则是十墓十空。究其原因,一个是这个地方古代墓葬特别多、规格又特别高,树大招风;另外一个原因就是这里出现了一种先进的工具,就是大家知道的洛阳铲。洛阳铲是盗墓贼的发明,就是我们聪明的洛阳人发明的,但是它到现在还为我所用,用于我们对古代文明的探究。不夸张地说,到目前为止,全球范围内还没有任何一种高精尖的仪器设备可以取代这个简单的洛阳铲,这就是它的神奇之处,特别适用于我们的黄土地带。而看照片,现在质朴的二里头村民已经不知道3000多年以前地下的辉煌了,实际上这也是一种文明的断裂。考古学者作为翻译,就有义务来接续这种文化记忆。

在二里头进行考古发掘的同时,我们还对洛阳盆地进行了大面积的、地毯式、覆盖式的探查。通过多年的工作,我们勾画出了一个这个区域发展的大致脉络。大家知道,在前仰韶时代就是公元前6000年到公元前5000年这个时候,可谓地广人稀,很难从中找到那些聚落点;到了仰韶时代,公元前5000年到公元前3000年,人口大膨胀,农业非常发达;到了龙山时代,就是公元前3000年到公元前1800年,这1000多年也是持续兴旺。但是一直就没有像二里头这样超大型的聚落出来,当时就是没有一个金字塔的塔尖。而到了二里头大型都邑登场,就是文明史上的一个质变。从卫星影像显现的二里头遗址(图11)可以看出,北边是现在的洛河,南边颜色偏深的是伊洛河故道,水之北、山之南为阳,这里应该是最早的洛阳。

二里头就位于当时古伊洛河的北边,现存面积300万平方米。那么我们工作这么些年了,发掘了多少呢?有人说考古人就是磨洋工,在一个建筑工地上曾有一幅标语很有意思,写的是"大干快上,把考古人耽误的时间夺回来",因为我们的工作肯定不如推土机快嘛。考古人经常拿着刷子、铲子,刷过来铲过去的,但是没有这样的精耕细作,就根本没有我们对中国古代文明的深入认识。从1959年发现遗址到现在,二里

图 11　二里头遗址卫星影像

头考古队的第一任老队长已经 88 岁了,一直到我作为现任队长,几代人过去了,我们发掘、揭露了多少面积? 300 万平方米只揭露了 4 万多平方米,也就是 1% 多一点。大家想一想,这就是愚公移山,"子子孙孙,无穷匮也",一代一代就要这么干下去。好在我们相信我们的后代比我们要聪明,应该可持续发展,给他们留下更多的遗产。

如果简单地用几句话来概述二里头的中国之最,就是这样一些遗存的发现都是突破性的,再往前这些东西没有了。二里头重要就重要在这儿,我一一地跟大家说一说。在这里,我们发现了中国最早的城市主干道网和车辙,发现了"井"字形大道。道路是城市的骨架,没有道路,城市无从谈起。在这个"井"字形大道上面我们发现了最早的车辙,大家知道车在人类文明史上太重要了,别看我们早就会平着放轮盘,用快轮或慢轮制陶,但是把这个圆盘竖起来,带上一个轴,然后用人力或者畜力拉起来,这个还不是中国人的发明,是在二里头时期最早引进的。马车要比这个更晚,要到殷墟时期,二里头时期的中原连驯养的家马都还没有,但是西北方向,河湟地区据说已经有了。在这里,我们还发现了中国最早的中轴线布局的、四合院式的宫殿建筑群。大家知道,中轴线对中国人太重要了,坐北朝南、封闭式结构、土木建筑、中轴对称……这样一些建筑原则甚至是礼制、政治原则,一直为后代中国所承继。这些东西,从建中立极到中庸,甚至河南话的"中不中? 中!"就是"中"文化,是原典文化。春秋战国时期或者更早,"中"文化就被写进了典籍里。然后通过阅读耳濡目染,每个中国人的骨血里边,自古就有了这样一套原则。

我们在二里头不光发现了大的四合院,还发现了中国最早的多进院落的宫殿建筑群。按说这种建筑结构本来是比较复杂的,但是它比四合院还早。中国古代建筑是土木建筑,所以很难保存下来像巴特农神庙和埃及金字塔那样的石头建筑。土木建筑堆不高,到了战国时期的台基已经堆得很高了,但顶多也就是堆十几米。这样一来,用什么方式来呈现类似于巴特农神庙那种带有纪念碑性质的东西呢? 我们就向纵深发展,"庭院深深深几许",注重多进院落。单进的四合院就是小门小户,三进的和五进的恐怕就得是贵族和王爷一级的居所了。中国最大的四合院在紫禁城,靠这个来彰显等级和地位。脱光衣服后,人都是一样的,但是要显现出他是"人上人",酋长们就得先弄个羽毛,再用什么东西装饰一下。最初的人们就是靠这些东西来做等级、地位的划分,后来越来越复杂。这样的大型礼仪建筑在二里头被发现了,再往前则没有,所以二里头的重要性就在于此。在这里,我们发现了中国最早的紫禁城。明清紫禁城有70多万平方米,那么那个时候呢? 我们在二里头发现的,中国最早的宫城,10万平方米出头,就是紫禁城面积的1/7,可这是在3000多年以前啊。发现这个宫城的时候,本人正好40岁生日。40岁那年,正好是2003年,大家知道对中国人来说有个重大的事件就是突如其来的"非典"。一个是重大考古发现,一个是突发的重大事件"非典",考古人也和全国人民一道,遭遇到了重大疫情的考验,伴随着这样重要的考古发现,构成了本人40岁生日的心路历程。(笑)

我经常说,本人在中国考古界是做"不动产"的。总会有人问:"许老师,你最重要的发现一定是'绿松石龙'吧?"有不少朋友都知道,"绿松石龙"是在我们手里被发掘出来的。但我回答说:"不是,我是做

'不动产'的。比如说四合院啊、宫城啊,包括道路网络系统、建筑结构布局等,我主要是做这方面考古发掘和研究的。"所以中国最早的宫城的发现才是我最看重的。聚落形态这种东西太重要了,比那些值钱的文物还重要。因为做历史研究必须得把那些具体的物放在一个大的背景里去,才有它的意义。与其说考古学是研究物的,不如说考古学是研究物背后的背景和相互关系的。这实际上也是盗墓、文物收藏和考古之间的重大差别。

我们在二里头还发现了跟祭祀有关的巨型坑,这很有可能就是国家级的祭祀场。里面都是小猪的骨架。看得出这些猪在比较小的时候就统一被杀掉了,甚至头部的方向和姿势都有一定之规。这要一点点探究。在宫殿区这里,我们还发现了许多重要的东西,其中包括被誉为超级国宝的"绿松石龙"(图12)。它是用2000多片细小的绿松石片做成的,每一片只有几毫米大小,厚度也就是一毫米。这么多绿松石片一点点粘嵌在皮革或者木头等有机质上。有机质彻底腐烂后,只剩下这些东西了。这些绿松石片如果说有个铜托儿还好办,谁都挖不坏,但假如我们有同学到现场去实习,老师和领队都暂时没在身边,他一看

图12 河南洛阳偃师二里头遗址的绿松石龙形器

这个绿松石片,见一片抠一片,非常兴奋,抠完之后,老师回来了,他说:"老师你看,2000多片绿松石片都在。""那'龙'呢?"老师就会目瞪口呆。这就是考古,这就是背景关系的重要性。它是在贵族墓的墓主人身上出土的,从肩部到胯部七十厘米长,上边是一个铜铃,还带有青铜器的青锈,但当时使用时应该是金黄色的。金黄色的铜铃"叮当"作响,再加上一条碧玉的"龙",龙牌或者龙杖,这人是什么身份呢?还埋在宫殿区

的院子里边。这引人遐想。有人说这人是祭司,有人说是巫师,还有人说是王室成员,具体身份则是考古学暂时没法揭示出来的。

我们在这里还发现了中国最早的围垣作坊区。此前我们的前辈早就发现了铸铜作坊,后来我们又发现了中国最早的绿松石器作坊。这里就是中国最早的国家高科技产业基地,相当于西昌卫星发射中心。当时宫城的区域可能还只是用栅栏围的时候,这里就已经用夯土墙围起来了,并且肯定还有重兵把守。大家都知道三星堆、江西新干大墓出土的那些东西,那是殷墟时期前后的,那个时候中原青铜冶铸技术已经泄密。但是在二里头和此后的二里岗时期,就是郑州商城的那个时期,二里头和郑州商城以外,绝对不允许也不可能有任何一个地方能够或敢于铸造青铜礼器,这就是"国之大事,在祀与戎"。祭祀,就是青铜礼器这套东西;戎,就是绝对的打击能力。这也是"两手抓,两手都要硬",这些就代表了当时"先进文化的发展方向"。这些东西使得二里头发达起来了。现在看来,这"立国之本"在古代和现代都是一样的。以前是祭祀,现在是开会,都是提高凝聚力。所以就是这样一套与礼制相关的东西已经开始出来了,大家看在此前是相对平等的社会,还没有这些东西。

我们这些研究成果,到最后就凝聚在前年我主编的一套《二里头(1999—2006)》报告里边了。这部大型报告,有400多万字,5大本,一般同学恐怕买不起,2000块钱一套。但是印刷1000多套全球发行,海内外研究中国考古学的人士就够了,根本就不用再重印了,可见属于"阳春白雪"。所以大家对许老师说:"你说你们是翻译,把无字地书翻译成我们能看得懂的,但你翻译半天还是天书,我们还是看不懂。"可以把这类考古报告形容为文言文,一般没有文学基础的还是读不懂,所以得继续转化为白话文。像刚才李校长介绍的那些,我的小书《最早的中国》和《何以中国》就是考古人给大家写的白话文。读图的时代,"无图无真相"。那是一本花费三四十块钱就能买得起的,相当于吃一顿肯德基、麦当劳的钱,是能让人看得进去的书。所以我觉得,这个也算是考古人的一点贡献。

这套考古报告可以彰显现代理念的就是,有各个学科的60多位作者参与其中。我作为考古人,觉得本人本科、硕士、博士统统都是考古学毕业,以前还挺得意的,现在一看就有点自惭形秽了,因为知识面太窄了。如果懂农业又懂考古,那么你就是农业考古学家;你既懂音乐又懂考古,你就是音乐考古学家。在目前多学科相互碰撞和渗透的形势下,一定要打牢基础,所以我就一直给那些想学考古的圈外朋友鼓气儿说,你学任何东西到最后都有利于考古学的学习和研究,因为考古学是一门本原性的学科,它能给任何学科提供给养和灵感。任何学科如果要追根溯源的话,都可以追溯到前文字时代,也就进入我们的领域了,所以说你学什么东西都有利于考古学。当然,考古学要能学好了,也可以做通才。有非常优秀的计算机方面的人才甚至商人就是我们考古专业毕业的;著名作家张承志先生,也是考古专业毕业的,否则根本写不出"彩陶流成河"这样的句子来。科技给考古插上了翅膀,这些手段使得我们以前完全没办法探知的一些信息显示出来。20世纪80年代我在山东大学当教师的时候,受训于国家文物局考古领队培训班,那是经历的最高精尖的培训。在那里我懂得了探方工作区里的遗物除了土什么都要,不光是人工遗物,人工遗物肯定要收,即使石头很有可能是砾石,很有可能是石料,你得让老师看看,不能随便扔了,除了土什么都要。但是现在,我们从土里可以得到多少东西呢?通过孢子花粉可以知道当时的气候、植被,还有我们的先人吃的粮食,用浮选法当然能浮选出狗尾巴草等野生植物,但还有小米、小麦、大豆、大米,这些旱作稻作植物都出来了。这些东西完全扩展了我们的知识面,所以说是一种革命性的收获。

我们看,这个时代整个革命性的变化在于,如果说以前社会分化得还不是那么厉害,顶多用玉器和精致陶器来作为身份的象征,现在青铜礼器一出现,礼乐制度这套体系就奠定起来了。有人说,二里头出来点什么东西可能都是中国之最,比如这个青铜鼎,也就这么大,不到20厘米高,纹饰简单,却是"中国第一青铜鼎"。没有这个鼎,也就没有三四百年之后司母戊大方鼎的辉煌和厚重,它是这么一步步发展而来的。这个钺(图13)看着不起眼,斧钺钩叉的钺,但它是"中国第一青铜钺"。说起来非常遗憾,好多好东西都不是考古人亲手挖出来的,而是农民挖出来的,很遗憾,这一件也是。我记得很清楚,2000年时我们正在遗址上钻探,晚上一个老农过来,用破报纸包了两张破铜片子。因为以前民风淳朴,"文革"及以前有好东西大家都送过来,现在都知道"香炉"比较值钱,香炉就是铜鼎,都往外卖了。但是这个老农说:"队长,就是两件破铜片,你看有没有用。"我一看,眼睛一亮:中国最早的青铜钺出土了!但是我们没有文物收购的权力。我就问他是什么情况下得到的,他说是帮人盖房子挑槽子,从土里边刨出来的,第二天觉得能卖几个钱,又回去捡,居然还在那儿放着。然后看看是不是铜,就开始砸,他把青铜的锈都砸掉了。收废品的来了,人家说这也就是值五六块钱吧。他说五六块钱都不够买条烟钱,那意思是送考古队来,给我的奖励肯定要比烟钱高吧。当时我心里就有数了,奖励了他30块钱,老农很高兴地就走了。第二天我就赶紧让他带着到出土的地方去,详细记录,让我的助手坐软卧到西安,用意大利的X光机把这个东西拍了一下,最后发表出来。好多重要的东西都是这样出土的,二里头就是这样,出点什么东西可能都是中国之最。

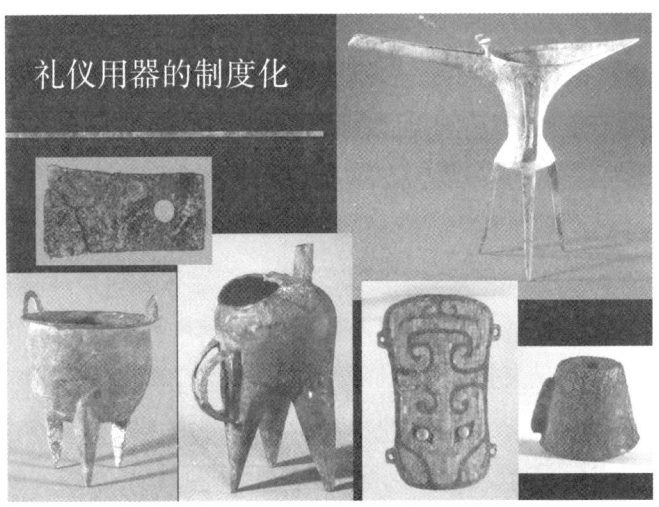

图13 礼仪用器的制度化

玉质的礼器、陶质的礼器，这些东西也被发掘出来了。从玉石时代进入青铜时代的过程中，制作玉石器是利用物理的变化，精雕细琢，缓慢优雅，到了青铜时代就是利用化学的瞬间成型，从这些东西推测，二里头正好是"金声玉振"的一个节点。"国之大事，在祀与戎"，中国酒文化特别兴盛，喝酒用的酒杯，也就是"爵"，和象征着生杀予夺大权的这种"钺"结合在一起，就是祀戎并重这种情形。我们看中国最早的近战兵器群（图14），在这一方面二里头走在各个族群的前列。箭头肯定不是近战兵器，但是属于不可回收的兵器。箭头的生产表明青铜生产已经达到了一定的高度。我们看中国最早的"金镶玉"制品——嵌绿松石铜牌饰，金就是青铜，青铜的底托、青铜牌上面粘嵌着绿松石。我们跟搞玉石工艺学的香港中文大学的邓聪教授合作，研究玉石器的切磋琢磨，这也是学问上的切磋琢磨。

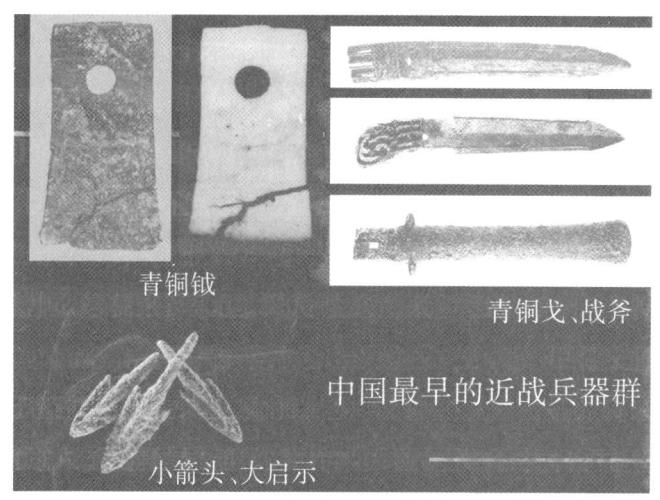

图14　中国最早的近战兵器群

接下来给同学们展示一下河西走廊甘青地区齐家文化的青铜器，还有新疆地区出土的青铜器（图15），它们跟二里头同时或者比二里头还要早一点，很有可能是作为二里头前身的青铜器，都是用来做装饰品和日常用品的。但是青铜技术一旦到了中原，中原人就把这些技术用在他们认为最重要的祭祀祖先的礼容器、酒礼器上面来，从而形成"吃喝文化",到现在我们的文化还可以说是吃喝文化。据说有一位美国女博士是搞人类学的,对于上古时期的"夸富宴",也就是夸耀富裕的宴席怎么也搞不清楚。她到了中国来,吃了两顿北方农村的大宴席以后,几十桌的那种排场,明白了什么是"夸富宴",因为在美国根本看不到这样的景象。

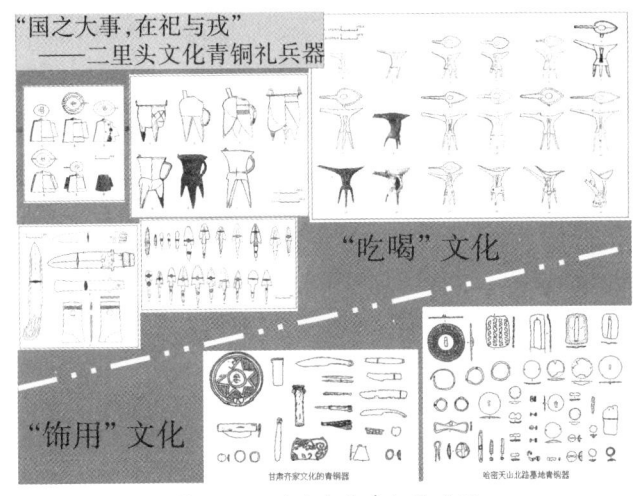

图15 二里头文化青铜礼兵器

这样一来,二里头这个中心一旦出来之后,我们发现,从北边内蒙古敖汉旗那一带,长城以北都有二里头式的器物,整个黄河上、中、下游,包括三星堆都受到二里头的影响。三星堆青铜文明高度发达,已经到了殷墟时期,跟二里头比还是相对很晚的。在各地出土的跟二里头很相近的东西、模仿品,说明二里头的扩散应该不是强力的军事推进,而是各地的酋长、首长或者是人民选择性地接受二里头元素的产物,就是以它为高、为大、为上,导致文明向外扩散。

就像现在的西服、肯德基和麦当劳,是一种流行品。甚至前些年藏区牧民居然还戴着嵌着红五星的红军帽,都是"礼失而求诸野"。在20世纪六七十年代,红军帽就是最时髦的。尽管二里头在3000多年以前,当时还没有这样大的国家实体,但是它已经奠定了中国的雏形。玉石牙璋的辐射范围已经到了越南北部,跟禹贡九州的大致范围以及秦汉帝国统一疆域的范围大致相当。除了四大边疆之外,内地十八省适合农耕的区域,二里头那个时期的影响力已经基本上达到了,这样到后来才一点一点地奠定了中国的基础。那个时候的交通以水路为主,整个向四围辐射。张光直先生认为对青铜原料的获取很有可能是中原王朝向外扩张的一个重要动力,因为那是关系到国家命脉的。

在郑州商城时期,已能铸造大铜方鼎。方形器要比圆形器规格高一大截,前面说的模范中国、内模外范,都用于制造这类礼器。这套东西是显现中国人思维方式的礼乐用品,后来都大量地出现。我们刚才说的"爵",就是1000多年来一直沿用的一种酒器,现在都被画在门神上,此外还有"爵位"的说法,封官加"爵",像这样的东西都是浸润于中国人的骨血里的,还有许多细节需要探究。如果古代有九鼎的话,也应该是大方鼎,而不该像现在的网络游戏或者是多宝格里边想象中的鼎,那是国家命脉所在。所以我说从早到晚,古今一理。这种青铜重器是跟权力、政治和驭人之术相关联的。20世纪40年代,当时的国民党河南省政府想把司母戊大方鼎送给蒋介石做生日贺礼,蒋没敢接,因为这份礼太重了,这是国家重器。但是临去台湾之前,他还是舍不得,到了当时在南京的"中央博物院"看了一眼,临走时还想带走,又因为太重了不好带,800多千克,整个船装起来挺麻烦的。但是大量的艺术品目前还在台北"故宫"里存放着,他还是有传统的思想。

我们探究中国文明的形成和国家的形成,有很多细节还看不清楚。国家和文明不是一道门槛,而是一个过程,但是长程地看,前国家时代和国家文明还是泾渭分明的。向心、开放的聚落形态是属于原始民主制的,这样的模式跟封闭性、独占性、秩序性的聚落形态形成鲜明对比。不少著名学者在他们的书里都说,"不让看"是中国古代政治文明的一个重要特征,账本不让看、地图不让看、紫禁城不让看,它是封闭性的、独占性的,很难形成广场上纪念碑式的东西,这些是一脉相承的。从二里头开始,整个大四合院的建筑、多进院落宫室建筑群一直到明清紫禁城,这是一脉相承发展下来的。如果说前几千年整个中国新石器时代是偏于缓慢发展的,那么从青铜进入中原以来的这1000年,从小的城址,一直到二里头、郑州商城、殷墟这样的大都邑,呈几何级的庞大发展。如果要形象地描述一下,就是金字塔的层级越来越多,金字塔塔尖越来越高,而这些青铜礼器都是在大的都邑里发掘出来的。所以,如果现在观察中国中西部农村,跟2000年以前,就是战国到汉代铁犁铧发明之后的农民生活,几乎是一样的,但我们不能说中国没有进步,还是要看都邑,看金字塔的塔尖。

本人近年的几本小书,先是《最早的中国》和《何以中国》,最近还有《何以中国》(彩图版)、《大都无城》是下个月要正式面市的。大家如果感兴趣的话,可以看一下《何以中国》有彩图的这一版,更便于阅读,都是三联书店出版的。还有一本书就是《大都无城:中国古都的动态解读》,把整个2000年中国都城史给大家串了一遍。

前面叙述的是中国是怎么发展过来的,最后再回过头来看看,早期的中国是土生土长的吗?我们的回答是,早期的中国既不是土生土长的,也不是完全外来的,而是建立在海纳百川吸收外来因素,到了当地又经过本土化吸纳、创造的基础之上的。把文明如果形容成流水的话,不如形容成病毒,如果大家觉得病毒不好听的话,就形容成细胞或者是基因,其最大的特点就是在复制的同时产生变异,可能变得完全不同,中国文明恰恰就是这么出来的。如果看一下全球更早的文明,就能意识到,早在一两千年之前,整个地中海东岸地区、中亚地区就有了比较发达的青铜文化,现在看来没有什么不可逾越的自然障碍。大家想一想,分子人类学已经证明了,连我们的远祖旧石器时代的人都是从非洲一点点地走过来,文化渐进发展过来的,只要以时间换空间,没有什么是不可逾越的。何况在青铜时代,甚至已经有了马车,在欧亚大陆上进行交流就更加通畅了。所以,下一步我们还要探究冶铜术。全球史探究方兴未艾,但是到了中国这个地方,由于西方学者研究吸纳我们的成果还有一定的时间差,所以还相对薄弱,这就意味着我们有大量的工作可以做,可以进一步为全球文明史的编纂作出贡献。我们如果放开眼界,就会发现以青铜冶铸为代表的一些外来的因素有东渐的趋势，很明显，这种交流和传递是一波一波的。我的下一本小书就想以"东亚青铜潮"为主题，以前甲骨文时代的千年变局为主线，从全球文明史的视角，来写这个宏阔的态势，探究中国是怎么诞生的。有种叫"塞伊玛—图尔宾诺"的文化现象在中亚地区最初出现年代比较早，可能对西北的齐家文化，甚至二里头文化产生过重要的影响，所以说那个时候不是封闭的，我们的青铜文明的发生大量吸收了外来的文化因素。

除了青铜之外，从龙山到殷墟的千年之内，小麦、绵羊、黄牛、马、车，以及用动物骨头占卜的习俗、大规模杀殉这样的文化现象，带墓道的大墓，甚至甲骨文等，我们还都没有找到源于中原的本土基础，还有待于进一步探究。语言和文字也是这样，文字就更是个问题。文字是否一定要通过几千年的积累才能成型？契丹文字和日本文字可以在很快的时间，吸收外来的刺激和影响后产生，这是非常复杂的机制，还有待于进一步探究。甚至像二里头这样管控、驾驭大范围人类群团的政治模式，究竟是我们从无到有、独立自主、自力更生的发明，还是受到了外边的影响和刺激才形成的，还有待于进一步探究。比如说兵马俑，古代中国人的解剖学常识是非常差的，兵马俑那样的非常逼真的东西是纯本土的吗？甚至现在也有同仁在研究，像秦汉帝国这样大的帝国统治方式是不是我们自己的发明。要知道，在它二三百年之前，波斯帝国已经形成了，非常有意思。所以从这个意义上讲，只懂考古，已经搞不好考古了；只懂中国，已经搞不清中国了。是不是这样的道理？诸位年轻人外语非常好，一定要开阔眼界，在全球文明史的层面来看中华文明的形成。今后一定要从这样大的视野来做整合研究。

我们现在得出来的结论是，东亚大陆几个最早进入青铜时代的文明都不早于公元前1700年。"东亚青铜潮"有西风东渐这样一个过程，青铜文明从中原地区再往东，到了山东偏西的地方，还没到胶东半岛，已经是公元前1400年的二里岗晚期了，相当于商代中期前后。青铜到了朝鲜半岛和日本的时候，已经是春秋战国时期了。在日本，青铜是跟铁器一起传进去的,这个态势是非常清楚的,中国是其中的一个链条。从自然地理上看,中国像个大盆地,所以才有这种文化上的凝聚力,但对外也没有太多自然的阻隔,所以不断有文化因素传播进来。如果我们心态偏于狭小,就会把这个盆地当成一个大井,由于这口井太大,使得我们往往有遨游的感觉。比如说多元、一元,到最后都是在这个大井里边来思考问题的。吉林大学著名考古学家林沄教授有一个很好的比喻,他说以内亚草原为中心的青铜文化向外辐射,就像一个大漩涡向外飞洒着飞沫,外围一些青铜文化的产生都应是这些飞沫的组成部分。能够这样想,好多东西也就释然了。这就让我们感觉到,只有使思维复杂化,放开视野,才能更好地探究中华文明。

好,谢谢大家!

互动环节

提问:许老师好!非常荣幸能够来听这次讲座,我有一些疑惑。前几天我去国家博物馆看了罗马尼亚珍宝展,发现盖塔—达契亚人文明中的库库特尼文化和古梅尼察文化,它们的彩陶和我们中国的仰韶文化和马家窑文化的彩陶风格特别相像。您刚刚也说二里头文化,还没弄清它是土生土长的,还是受外来因素影响的,如果它与其他文化有某种交流的话,那么它到底是怎么吸收外来文化因素的,又是通过什么途径来产生这种很奇异的关联性的?谢谢老师!

许宏:这实际上是一个非常复杂的问题,我刚才就已经说了,考古学更多的是只能观察到一些现象,但是现象背后的动因就进入了阐释层面,当然就具有多元性了。你刚才说的至少可以从两方面看。那个时候,在前国家社会时期,罗马尼亚那边、东欧那边的彩陶不是礼器,任何人都可以生产,那就是一种艺术品。另外,我们注意到在整个欧亚大陆,彩陶是有大范围的共通性的,包括我们西北地区,从新疆一直到中亚那边。就像我刚才说的,在没有强势的政治实体的情况下,以时间换空间,人们哪怕挑着担子远行,这代人过几个山头,说不定在这儿就待一段时间,跟当地人通婚,然后过段时间再翻几个山头。他们用当时的彩陶来做贸易都是完全有可能的,这边做得漂亮,那边就有人买他的,或者是以物易物来换,都是有可能的。所以那个时候彩陶的辐射不是一个大的政治中心向外辐射,这是可以肯定的。有人甚至还估算出史前时期,人类文化传播的速率,总体上看,他们说史前时期一年可以有五六千米这样的传播速度,从现代人出非洲到以后的青铜时代都是这样的。等到青铜出来之后,问题就更复杂了,马的驾驭、马车的出现,就导致这种机动性、军事性、流动性增加,畜牧和以后的游牧,跟农耕族群争夺资源,导致这种碰撞,好像还是战争压倒和平的趋势增强了。大体是这样,只能做这种粗浅的解读。

提问:许教授您好,我想请问一下您对今天讲述的考古学中的"中国"这个国家是怎么样定义的,就是您说到的"广域王权国家",那什么样的辐射范围可以算作广域?而这个王权又是怎么样体现的?比如说前一阵发现了良渚水利工程,也证明它当时应该是有一个管理层来组织这个工程的,良渚的文化辐射范围应该也很广,它为什么就不能被定义为国家呢?为什么不能算在您所说的国家范畴中间呢?

许宏:这个问题提得非常好。首先我说良渚是国家,而且是个大国,是前中国时代最亮的一颗星。我所说的这个"中国"是指从中原起家到后来大致没断线的中国,有古代中国基因,礼乐文明没有断线。良渚,包括前面的陶寺,还有石峁,那个时候都是最亮的星。良渚,尤其是这样。

我想跟大家澄清一个概念,我觉得在做跨地域文明比较的时候,不能把一个地区和一个文明实体相提并论,比如说我们不能把中国文明跟埃及文明一起比,因为中国太大了,包含众多的政治实体。应该是两组政治实体去比。良渚文明大体上偏早,但是1000多年后退出了历史舞台,跟以后的王朝文明只有间接的关联。这个有些人可能接受不了。我要说的是在二里头之前,还找不到跟中原王朝文明有直接联系的文化遗址。而良渚是曾经兴盛发达后来消亡了的,是对后来的中原文明产生过一定影响的一个非常重要的政治实体,但它属于前中国时代。这是我个人的一种解说。谢谢!

提问:谢谢许老师!我有两个问题,一个是您刚刚讲到考古的时候会用到很多比较先进的技术。我想知道现在在考古领域有哪些先进技术?因为我去过一些考古的现场遗址,但是在看的时候,亲身体验并没有前些天看妇好墓时拿着VR的眼镜所体验到的那种感觉更加真实,所以我想让许老师提供一下这方面的信息。

另外一个问题就是,因为我现在正在学美术史,所以很想知道这么早时期的一些历史研究是如何开展的,它又没有文字,不能像我们这样通过视觉直接去研究。不知道您在这方面,对于我们这样的年轻学者有一些什么建议?谢谢!

许宏:好的,首先要说的是科技给考古插上了翅膀。刚才我给大家举了土的例子,还有好多有切身体会的例子。比如说测绘手段如果跟不上的话,工作几乎会白做。比如说我的前辈、我的前任交给我一大摞钻探记录,用洛阳铲来探,每一铲都有纪录,多深的、是什么土,等等。前任如果做了这个工作,按理说我们就不用去做了,只要能找到这个基点,就可以大体上了解地下的遗存情况,然后根据这个情况,我们再做考古发掘方案。但是我们拿到的是20世纪六七十年代的老记录,上面说王某某家棉花地西北角,棉花在整个中原都快彻底消失了,我根本找不到它那个基点,这样一来以前的钻探工作几乎就白费了。现在我们在做这个系统普探时,已经用全站仪了。这种高精尖的测绘仪器,误差在几毫米,可以跟大地坐标网相连,这样我们每探一孔就是终极性的,基本不用再重复钻探了,只要详细记录好就可以了。至于其他那些,像环境考古,我们以前一直搞不清楚二里头这么好的条件,在二里头人进来之前,只有在它几百年之前有些仰韶晚期和龙山早期的小聚落,中间隔了几百年,龙山时期没有人住,后来二里头人才来。为什么这么好的一个地方没人住呢?后来北京大学的夏正楷教授,他是环境考古学家,率队做勘探,用机钻告诉我们那个时代应该是水位极高、水面很大,很有可能二里头已经成岛了。这样一来跟我们的发现大体上对应起来,至少是可以作为一个解释原因吧。这是第一个问题。

第二个问题,关于美术史的研究,我也不大熟悉,但是我觉得可以看作所谓经验之谈的是,在我们上古史和考古研究中,许多东西都不像自然科学那样具有可验证性。在这种情况下,应该意识到自己研究的相对性,自警、自觉、自惕,才可能有一个正确的把握。比如在前殷墟时代,关于某些考古遗存属于夏和属于商这样的判断,都是做推论和假说,到目前为止,我们还排除不了任何一种假说所代表的可能性。在美术史研究上,比如说刚才我给大家展示的铜牌饰兽面,有人说是龙,有人说是凤,有人说是虎,还有人说像熊猫,你说像猫就像猫,你说像狗就像狗……就是这样一种状态。所以说我们应该意识到研究的相对性,只能注重证据,注重推导过程,同时又有这种自觉、自惕,然后随着新材料的出现,逐渐地订正、完善,甚至颠覆以前的意见、观点,只能是这么做。谢谢!

主持人(钱致榕先生):我倒想问一个问题,您讲的二里头时期是在夏商之间吗?

许宏:对。

主持人(钱致榕先生):那么商朝的历史很大一部分是靠遗留下来的甲骨文推断的,而夏朝到今天为止还没有文字记录。

许宏:对。

主持人(钱致榕先生):假如说有的话,最后假如您发现的话,大概会在什么样的媒介上发现?

许宏:这当然是一个"中国梦"。比如说许宏作为二里头考古队队长,我们当然希望发现文字了。但不能说我们一门心思就是要致力于找到甲骨,这样的东西是可遇不可求的,否则我们工作的意义就完全丧失了。你看,我们在没发现当时文字的情况下,就告知大家这么多东西。我相信二里头尽管暂时没有发现文字,但是它应该有文字。它的政治架构太过复杂了,文明发展程度很高,应该是有文字的,但是现在我们只是在一些陶器的表面上发现一些符号。单个的符号是没法证明它是文字的,文字要显现一定的内容、甚至思想才可以。现在就只能寄希望于发现在像龟甲和兽骨这样能够留存下来的资料上,如果它写在丝帛上,刻在木头和竹子上的话,很有可能今后我们永远也发现不了了。或者是,我们今后会有更高精尖的手段,避免这种硬接触,比如看得不清楚,不能用铁锹挖、用手铲使劲刮。像木头的痕迹,看不清楚再刮一铲子,东西没了,对不对?要意识到它的重要性,通过非接触的手段,比如红外线,能够预先探究,这样还有可能发现文字。总之,到现在为止还没有发现文字。我们寄希望于发现,但只能是可遇而不可求的。谢谢!

主持人(钱致榕先生):我想刚才许教授提到是把时间回推到3700年前,在那个时候或者更早的时候,地球上的情况曾经前后经过了很多次大变化,尤其是温度,还有海平面。海平面的变化对咱们山东的影响尤其大,假如海平面真是低了140米的话,可能山海平原就呈现出来,里面有大量的考古资料。那就可以请许教授带领我们到海洋大学去挖掘了。

下个月,我们会请一位教授来做报告。他是学土木工程出身的,目前在世界上学术地位相当高。请他来讲讲地球的气候史,就是通过从最近挖出来的一万多年的地球温度记录,分析出地球气候变化有多大。一方面可以知道从前地球是一个什么样子,另外一方面可以了解今天的全球暖化到底是怎么一回事。行远书院以后就是要不断地办这种"行远讲座",能够从大的、非常宏远的视野去看社会上现在跟过去所碰到的问题。

提问:谢谢许老师!我想问的是,二里头这种高度专业化的社会组织形式和青铜礼器的出现,两者出现的时间节点比较接近,是不是有什么关系?

许宏:对,我觉得这是一个很重要的问题。我甚至在以前一个演讲中用的题目叫"青铜催生中国?"打了一个问号,但是几乎可以做肯定的回答。你可能从现象上看,青铜的进入和广域王权国家的形成具有同步性。这种广域王权国家,我认为是中国的雏形,而这样一来,青铜这种高精尖的手段,肯定是跟意识形态相结合,在政治层面催生了中国,大体上就是这样一种认知吧。

我想借钱教授刚才说的再引申两句。钱老师说天候、环境和人事,这是密切相关的,大家读过黄仁宇先生的《中国大历史》吧?我觉得黄仁宇先生所说的那些历史现象都可以上溯到我们所研究的文字产生之前的时代。中国这样一个大的地势,就导致它每年季风跟寒流相互碰撞,碰撞正合适的话就是风调雨顺,但这是很难的;碰撞非常剧烈的话就是大涝,没有碰到的话就是大旱,这样一来就要赈灾、治水和防御北边的人群入侵。因为天气一旦寒冷,北边的人不好过了就要南下,掠夺农耕定居的人们的资源,这就构成了中国历史发展的主旋律。甚至像中央集权这种帝国的形成,跟这也是有密切关联的。甚至到现在我们都说,像现在这种政治架构,很有可能都有其几千年以来的历史渊源。我们可以从这样一个大的态势上来看中国历史的过去、现在和未来。谢谢!

提问:许老师你好!我有一个问题,就是后世来看我们今天的科技之于考古,就像我们今天来看历史上的科技之于考古。以我们今天的态度来看,它是比较先进的,但是以后世来看的话,它可能是对一些历史遗迹的破坏。我们今天应该怎样去做才能既促进我国考古事业的发展,又能够保护现在仅有的一些考古遗迹,为后来的考古人也留下一些他们可以做的事情,而不是今天就把所有的资源都利用完?谢谢!

许宏:这个问题提得非常好。历史文化、历史遗产不可再生,所以一定要特别珍重,在运用任何科技手段的时候,我们的前提一定是要保护好它的本体。在考古发掘的时候,现在已经不做竭泽而渔的发掘,把它全部揭开去。虽然搞历史的一个重要出发点是满足人类的好奇心,但是我们现在意识到要适当压抑住我们这代人的好奇心,应该要有可持续发展的考虑,而且要意识到我们的子孙后代比我们还要聪明,就是我们现在做不了,就像你刚才说的,我们现在做不了这些事,很有可能以后我们的子孙后代可以做。所以说出于这样的考虑，我们坚决反对发掘乾陵，没有被破坏的、这么重要的一座帝王墓葬，因为保护不了，一旦发掘出来就是破坏。考古本身也是一种破坏，当然我们不能过多地强调这种观念，因为我们不是像商业行为的推土机那样的破坏，但是它本身是一种破坏，也是一种硬接触。所以说我们的指导思想就是做到最小干预，只要它处于没有被破坏的情况下，尽可能地少动或者不动，我觉得这也是对祖先的一种尊重，应该有这样的情怀。谢谢！

主持人（钱致榕先生）：我想同学们刚才可能都听到了，许教授说整个二里头文化遗址的面积有300万平方米，到现在为止考古人员花了近60年的时间，也只是发掘了4万多平方米，所以还有200多万平方米、将近99%的面积在等待发掘。希望未来的年轻人能够有更多的智慧、更多跨领域的知识去从事这项事业，我想这也是为什么于校长跟海大的老师们要强力推动博雅教育的原因。我们一定要有跨领域的知识，不要仅局限于自己专业。同时对人类的前途跟过去，以及我们的文明跟传统，有一个相当高的关怀跟热爱，将来才可能做到。

假如说我们这一代不是比上一代有更多关怀的话，这个希望可能就会落空。所以归根到底一句话，我们的未来是在你们手里，将来能够发掘出多少更有价值的东西主要看这一代的教育，看你们是受到什么样的教育，是吗？

许宏：对。从提问上来看，海大的同学非常有水平，所以特别希望你们今后继续关注我们的考古事业，也希望多多沟通、交流，不管是在二里头、在北京还是在网上。谢谢！

主持人（钱致榕先生）：好，让我们谢谢许教授非常精彩的演讲，并且谢谢许教授跟他的同仁们近60年来，在二里头和其他的考古地点，为探测我们的过去并由此推演到未来所花的工夫，谢谢！

许宏：谢谢！

第五讲
地球气候史

主讲人：黄锷
时间：2016年6月12日

黄锷简介

黄锷，1960年毕业于台湾大学土木系，1967年获得约翰·霍普金斯大学流体力学博士学位。在美国太空总署工作超过30年，为太空总署首席科学家。曾当选我国台湾"中央研究院"院士（2004）、美国太空总署2003年度发明家，以及美国国家工程研究院院士（2000）。黄院士于2006年在美国NASA荣退后，由台湾"中央大学"荣聘为讲座教授。

讲座大纲

我们处在一个资讯科技世界，它的特色就是到处都是数据。举凡能源危机、全球暖化、贫穷、疾病等全球性的问题，都牵涉巨量数据的研究。事实就隐藏在广阔的数据之海中，唯有掌握有效的数据分析法，才能赋予数字意义，做有效的解读及应用。黄院士将以目前大家关心的全球暖化问题为例，从古气候史切入，研究1亿年来地球温度的变化，以了解近百年来气候的变迁及未来可能的变化。

主持人致辞

主持人（陈锐副校长）：尊敬的涂必馨女士、黄锷院士、钱致榕先生，老师们、同学们，大家下午好！

在 4 月底，我们举行了"行远讲座"第四讲，邀请中国社会科学院考古研究所研究员、夏商周考古研究室主任许宏教授，为全校师生做了题为"考古学视角下的'中国'诞生史"的报告。这个报告非常精彩，给我们留下了深刻的印象。今天我们再次在这里相聚，举行"行远讲座"第五讲，题目是"地球气候史"，邀请深受很多同学，尤其是学海洋专业的同学所熟知和爱戴的黄锷教授，来给我们做这场精彩的报告。

黄锷教授是一位"追风逐浪"的世界顶尖海洋物理学家，是美国国家工程院院士、中国工程院外籍院士和台湾"中央研究院"院士，曾经担任美国航空航天局（NASA）海洋科学首席科学家。让我们以热烈的掌声欢迎黄锷院士的光临！

下面我先把黄锷院士的学术简历向大家做一个简短的汇报。黄锷院士的学术生涯非常辉煌，如果要仔细介绍的话，今天的一个半小时全用上都不够，所以我就简明扼要地向大家介绍。黄院士在数据分析领域造诣深厚，享誉国际，他提出的"希尔伯特－黄变换"理论，我们很多同学都知道的 HHT（Hibert-Huang Transformation），这一高效的应用数学计算方法完全改变了以往科学家们对于非线性、非稳态信号几乎束手无策的窘境，它的应用范围之广、结果之精准，获得了国际学界的广泛认同与肯定，迄今已经在美国获得了 8 项专利。目前，黄院士这一发明被广泛应用于科学、医学、城市建设、军事、财经等多个领域。美国航空航天局应用这一理论研究了宇宙黑洞问题，分析卫星色谱结果；哈佛医学院用这一理论分析年长者的血压、血流速度，以掌握中风可能的前兆；美国联邦公路管理局研究中心用它来衡量公路桥梁的安全；美国联邦调查局用它来辨别发声者的身份；美国海军用它来探测海底的潜艇等。

黄院士曾经说，事实往往隐藏在浩瀚的数据海洋中，唯独掌握有效的数据分析方法，才能揭示数字背后的意义，做出有效的解读和积极的应对。在社会发展日益数字化的今天，"希尔伯特-黄变换"理论无疑为社会提供了一把解读大数据时代和探索全球性问题的钥匙。下面黄院士将以大家关心的全球变暖问题为例，从古气候史切入，研究1亿年以来地球温度的变化，引导大家正确了解百年来的气候变迁，以及未来气候变化的可能趋势。黄院士在下面的报告中将以磅礴的气势，从漫长的时间尺度、广阔的空间尺度来为我们解析全球气候的变化趋势。下面让我们以热烈的掌声欢迎黄院士的演讲！

讲座实录

黄锷：谢谢大家！很高兴看到这么多人来到现场。本来，今天是致榕找我来跟行远书院的同学们聊聊天，结果来了这么多人，不过我其实没有什么了不起的东西要讲，恐怕会浪费你们很多时间。

因为致榕给我出的题目是讲一讲地球气候变迁问题，稍微提一提全球暖化，我认为这是一个有争议性的话题。我一讲"有争议性"，有人就会说那你一定是反对全球暖化。我不是反对全球暖化，只是我对"全球气候变暖"这个提法，有一些不同的看法跟大家分享。大家姑且听之吧，因为我不是搞气候学研究的，所以讲的只是个人的观点。

关于全球气候变暖话题的讨论，我觉得在社会上已经造成了很多混乱，特别是思想方面的混乱。人们现在不管什么事，一提就是全球暖化造成的，究竟是不是这样呢？我们来看一看最近的一些统计数据：2009年到2010年天气特别冷，1998年是全球最暖的一年；过了两年以后，冬天冷得不得了，在英国各个地方创下了纪录，包括在伦敦，简直造成了160多年有纪录以来最冷的一个冬天。IPCC（政府间气候变化专门委员会）从前的主席潘朝瑞博士（Dr.R.K.Pachauri）说喜马拉雅山的一个冰川在2035年就要融化光了，结果后来发现这种论断是没有科学根据的。在整个全球变暖的议题里，我说趁火打劫也好，趁浑水也好，趁得最厉害的就是美国的前副总统艾伯特·戈尔（Albert Arnold Gore Jr）。这位前副总统出了一本书，说全球变暖以后不得了了，地球面临毁灭。这毁灭哪来的呢？你看地球变暖以后，台风会增加得不得了，所以在地球上随时一统计就会发现有这么多台风。他这个论断一出来，美国整个社会非常震惊，最震惊的是气象界。气象界一看不对呀，台风怎么朝左转朝右转都有。（笑）不只这个，台风在赤道上面也是不会发生的，因为赤道上没有地转偏向力这个效应，所以大家就开始在网上搜索，发现他这个图是抄袭得来的，然后是随便画上去的。（笑）

地球变暖是很吓人的事，2001年的《经济学人》杂志就对此讨论过，说气候变暖以后下雨多得不得了，以后大家在街上走路一定要小心。可是截至今年，印度热得不得了，气温到了51 ℃，这被认为是全球变暖的结果，接着出现的是干旱，而不是大雨滂沱。所以，变暖到底会导致下大雨还是干旱呢？地球是变水球了还是变热了呢？这是让大家感到非常困惑的一件事。所以我们今天就把这件事来说一说、捋一捋，然后你们自己去判断，看看这个变暖到底有多严重。首先讲一讲地球气候的过去、现在跟未来，关于地球的未来我不会讲太多，因为谁也不知道未来会变成什么样子，不过我们可以稍微提一提。

我们这个地球，在整个太阳系是非常小的一个星球。地球究竟独特在什么地方呢？地球大概是我们唯一知道真正有水的一个行星，而水是至关重要的。从整个行星系看气候，水星、金星、地球大小其实差不多，但是地球的温度特别舒服，而别的地方却不可能有生物。其他星球的温度从零下200 ℃严寒到400 ℃高温，或从400多℃到零下的60多℃，地球的温度就特别好。为什么地球的温度特别好呢？主要就是有水的缘故，主要跟海洋有关，是海洋造成的。地球能有这样好的气候条件，海洋造成的温室效应贡献是最大的。我这里说的温室效应不是二氧化碳造成的，因为从太阳光辐射进来再到反射出去，整个地球里面产生最大温室效应的是水蒸气，它的作用比二氧化碳有效得多。地球70%都是水，带来的温室效应也是最大的。假如没有这个温室效应，地球按照它的位置或者照它接受的太阳辐射来算，大概温度应该是零下18 ℃。大家算下来，现在我们知道地球的平均温度约为14 ℃。14 ℃还可以，但零下 18 ℃就不得了了，这会使地球变成冰球。地球曾经就是一个冰球，后来因为造山运动，从冰球的时代走过来了。温室效应里面哪些是温室气体呢？温室气体各种各样，水蒸气、二氧化碳等，其中水的作用是最重要的，比其他的东西都重要。这一点我们可以从光谱上来分析，水的全部吸收能力比二氧化碳强多了，所以水蒸气有一个非常非常重要的温室气体效应。温室气体效应是谁发现的呢？是两位先生发现的，一位是英国人，叫丁道尔，他发现二氧化碳、水都有温室气体效应。当时他也不知道所谓的二氧化碳对红外线有影响，只是说这个气体会保持热度，甚至于会浓缩热度。然后，他重点研究了二氧化碳。接下来研究二氧化碳最多的是阿伦尼斯（Arrhenius）先生。这个人蛮有意思的，他是诺贝尔的好朋友。诺贝尔死前就说，"我要死了，我要成立一个诺贝尔奖基金，你替我管一管"。所以阿伦尼斯就在诺贝尔死后替他管理这个基金，于是就让自己的好朋友都获得了诺贝尔化学奖，第三届就轮到他自己了。（笑）阿伦尼斯是 1903 年的诺贝尔化学奖得主，当时就是研究化学反应当中的作用键（interaction bond）的，其中一个就是二氧化碳。当时研究二氧化碳比较彻底的就是他，而且他还论述了二氧化碳造成的温室效应，认为它的作用是对数的，不是线性的。阿伦尼斯是瑞典人，从地质上就能看出来，瑞典过去处在冰河世纪。这个时期整个瑞典就是一个冰疙瘩，人类根本无法生存。所以阿伦尼斯非常担心冰河期会重返，于是就鼓励大家尽量烧煤、烧炭之类的东西，烧得让冰河期不来就达到目的了。但是他计算后还是很着急，烧了煤炭以后温室效应还是对数的，不是线性的，于是就鼓励大家继续再烧。可是现在大家果真烧了大量煤炭后，二氧化碳在图上被画成这样，这个图（图 1）是戈尔这种人画的，为什么用这种画呢？画得很吓人，你们也许看过一个电影叫《不方便的真相》(Inconvenient Truth)，我在飞机上看过，他为了画这个图还搬了个梯子，差点儿掉下来。其实用不着费这么大的劲儿，这个线性的图画上去是没有意义的。温室效应的作用是对数的，你把与对数相关的东西用线性来画根本就是外行。但是这张图却在整个新闻界引起很大的轰动，大家一看不得了,二氧化碳增加了这么多。但二氧化碳这个增量一取对数后就没有了,它真正的是对数的关系。

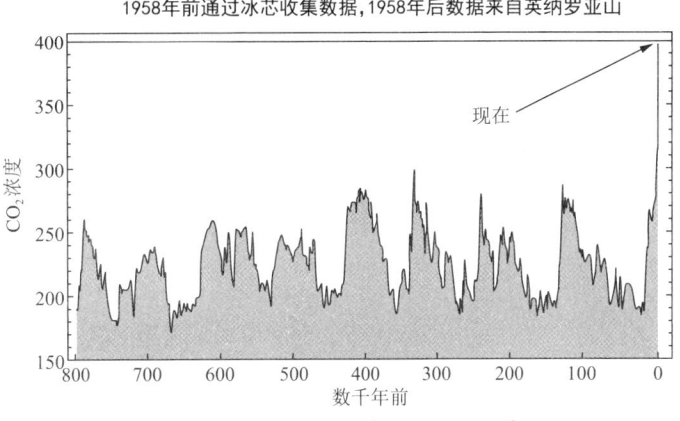

图 1　用线性方法计算出的可怕趋势

除了二氧化碳之外,我认为最重要的就是海洋,所以我今天讲的大部分内容就是围绕海洋对我们的气候究竟有哪些影响展开的。在地球整个历史进程中,海洋是改变或者影响气候的最重要的一个因子。海洋为什么会对气候有这么大的影响呢?第一,它是水蒸气的来源;第二,海水的含热量非常大,所以它可以带着庞大的热量在地球上运输,把低纬热带的热量经过主要的洋流送到高纬去。比如说,大家看现在的伦敦,如果把伦敦的纬度划到北美去,大概就到了哈德逊湾(Hudson Bay),那个地方是永冻城,但是伦敦这边却安然无恙。如果再往伦敦北边走,走到挪威的卑尔根港(Bergen)。卑尔根港是不冻港,这都是海洋暖流造成的。另外,海洋的比热大,3 米深的海水就可以蕴含整个大气层的热量。而大气的"记忆力"是非常非常短暂的,过个三天五天,我们的天气会完全变回来。但是要改变气候的话,需要整个海洋改变。海洋平均 3 米深的热量就相当于全部大气的热量,那么整个海洋平均多深? 5000 米深,气候要改变多长时间才能告一段落?要变很多很多年。所以真正的气候是长尺度的,长尺度的变化必须由海洋来控制,而不是由大气控制。人们做气候预测或者气候变化模式,往往做出来的东西都是乱七八糟的,为什么会这样?就是因为海洋的模式不好做。人们现在对海洋模式的了解非常欠缺。有个非常简单的问题:海洋中长尺度的变化模式如何来做?海洋短尺度的一年两年、几个月的变化,高效的模式可以做得很好。不过,遇到厄尔尼诺"圣婴"现象,模式就不大准确了。它可以做出来这个"圣婴"变化的尺度,但是这个现象什么时候发生就预测不准,比"圣婴"再长的尺度就完全没有模式了。"圣婴"是2到7年发生一次,这跟我们气候的尺度还差得远,气候尺度至少要到100年。目前针对百年的变化所做的模式,没有一个是对的,现在大家都在往这方向努力。海洋的另外一个特点,它是一个非常好的汇集槽,二氧化碳出来了以后跑到哪儿去了呢?最后都溶到大海里去了,所以海洋的作用非常大。

我们现在就看,海洋究竟有多重要。一提到气候,大家就会问气候是不是在变、是不是在变暖、是不是全球暖化、有没有加速。还有,究竟是什么东西造成了全球暖化?第一个问题,气候当然在改变,沧海桑田这是大家都知道的,气候一直在变。那么"变"是不是在暖化呢?有的时候在变暖,有的时候在变冷。整个气候变化,我们要从多少年看起?要从 10^8 年看起,然后 10^6、10^4、10^2,10^2 就是我们最近的 100 年。今天我就把每个尺度的变化跟大家简单介绍一下。

第一个尺度是 10^8 年,就是上亿年。40 亿年前是地球刚开始的时候,整个地球几乎没有任何生物;一直到大概 5 亿年前,才有比较大型的生物,此前几乎没有什么动物。到了 5 亿年前,有了三叶虫,然后慢慢有了其他动物。然后到了恐龙时代,恐龙大概是 2.5 亿年前出现的。恐龙可不得了,它占据在整个地球上,从 2.5 亿年前一直到 7000 万年前,时间长达 1 亿多年,恐龙一直在统治着这个世界。人类的历史在地球上简直短得不得了,大概不到 5 万年,所以跟几亿年比起来,简直没法比了。从 5 亿年前开始,我把 5 亿年重新再划分,最近的有了高级动物,哺乳类出现得更晚,有哺乳类大概在六七千万年前。这个时段的气候怎么样呢?整个气候的变化大概是这样的:地球有冰的时候非常少、时期非常短,大部分时候是完全没有冰的。我们现在的地球有没有冰呢?现在的地球是有冰的,可以说现阶段是整个地球历史发展阶段中最冷的时候。地球有冰的时间非常短,所谓有冰并不是整个地球就是一个大块冰,而是指南极和北极有冰,是部分有冰,这个时期是非常短的。你可能会问,这是用哪儿的温度计测量的呢?这不是用温度计测量得来的,而是根据沉积物里面的氧跟氧18同位素的比例推算出来的,这个推算非常准确。地球从5亿年前一直到现在,温度有高有低,现阶段是最冷的时候。这一点恐怕让大家觉得很奇怪,报纸上都登了,我们到了最热的时候。实际上并非如此,我们现在仍处在很冷的时期。

  怎么会有这么大的变化呢?这个变化是地壳变迁造成的。地壳变迁是一位叫魏格纳(Alfred Lothar Wegener)的先生发现的。他是学地质的,但是对气象也非常感兴趣,所以就去做气象研究。当时气象学并没有地质学那么发达,所以他跟人家讲是做气象研究的,人家更瞧不起他。但他还是坚持做下去,还跑到格陵兰岛去探险,做气象研究。后来他迷了路,没有吃的,结果冻死在路上。他在那个时候就提出,地球上的陆地、海洋分布不是固定的,而是一块一块漂移的,但当时根本没有人相信他的学说,认为这是胡说八道。大家真正普遍接受这个理论是在1975年以后,哥伦比亚大学又一次组织到深海去挖岩芯(core)取样,结果发现不同岩芯的年纪的确不一样,整个大洋正在慢慢分化,把美洲向西推。直到那时科学家们才发现这个大陆漂移学说是有道理的。其他证据也证明,地球地壳的确是在变动的。在2.5亿年前整个地球是什么样子呢?那个时候恐龙大量出现,海洋跟陆地的分布情况也与现在不同,海洋从南到北是相通的。请大家想一想,海陆这样分布,有没有地方会冷?不可能有地方会冷,不像现在海洋从南到北不是直接相通的,几乎被隔断了。所以,当时海洋把地球温度混合得非常均匀。真正的数据大概如此:从4亿年前,地球温度由热慢慢变冷;在3亿年前左右,我们的地球有一点点冰;从2.5亿年前开始的一段时期内,地球暖得不得了,没有一点点地方有冰;大概到3000万年前,我们的地球才有一点冰,那是在南极有冰。整个地球从7000万年前到现在,温度是一直在下降的,从7000万年前看，我们现在也是处在最冷的时期。可是报纸从来不提气候的这个变化情况，报纸不希望你们知道这个。（笑）为什么不希望你们知道呢？因为地球温度最高的时候，地质学家老早就知道这个时候的情况，大家在喊全球变暖以前就已经知道。在始新时代，地球气候的最佳时期，也就是最暖的时候，全球比现在要热 12 ℃。我们过去 150 年温度增加了 0.7 ℃ 到 0.8 ℃，那个时候比现在要热 12 ℃。有些人不希望大家知道我们现在是处在最冷的时期，所以在 IPCC 的报告里面，把同样的图（图 2）折腾了一下子。大家看这张图，刚才这儿有一个温度计，0 ℃ 到 12 ℃。IPCC 来了，把 0 ℃ 摆在这里，12 ℃ 摆在这里，颠倒过来了。我不知道为什么颠倒过来，不但颠倒过来了，人家的平均温度是用红线画的。你想要抄袭人家的东西就全部抄过来，但他在这里画的时候是勾上去的，没有这回事，人家的数据不是这样。人家的数据是《科学》（Science）杂志里面登的，这个数据却来自 IPCC 的错误报告。不但如此，他

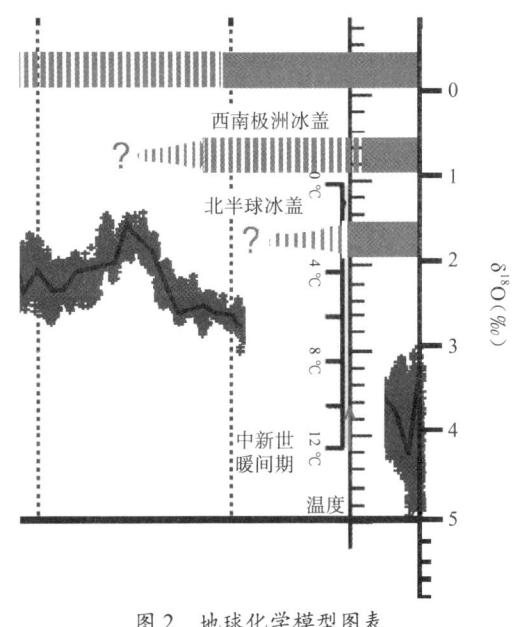

图 2　地球化学模型图表

们还把早始新世气候最优（early eocene climate optimum）这些字，都擦掉了，说那个时候没有最佳气候。像这种东西，现在国内有打假的，就应该把他抓出来。（笑）但是这个东西是大家都接受的。

始新世时期的最优气候比现在热 12 ℃，当时地球从南极到北极都是暖和的。暖和到什么程度？到处都是森林密布，所以恐龙到处走，走到哪里都有吃的。现在地球很冷的地方也可以看见恐龙的骨头，很热的地方也有，为什么？因为那个时候地球海陆分布跟现在完全不同，我们

不能刻舟求剑，用现在的地图去研究2.5亿年前的气候。而气候演变到这个阶段，为什么叫早期最优（early optimum）气候呢？现在大家接受的学说是，大概在6500万年前，一个大陨石撞击了地球，结果改变了整个地球气候，恐龙灭绝了。恐龙灭绝以后，也就是哺乳动物兴起的时候，最早发现的哺乳动物化石就是在6500万年前当恐龙灭绝的时候。所以那个时期到处都非常暖和，当时的天气有一点像《圣经》里面讲的伊甸园，大家也不用穿衣服，随便树上就有果子吃。这个时候的确是最优的，没有一点点贬义。地球上最早的哺乳动物就是从那里出来的，所以我们的祖先的确是在伊甸园里面产生的。伊甸园就是非常热的地球，大家想到的伊甸园大概就是这样子，每个地方都是很热的。

第二个尺度是 10^6 年，就是 100 万年。100 万年这个时期，地球的海陆分布完全变了样，跟 2.5 亿年前完全不一样。大概分布是这样的，大概在 7000 万年前，整个地球一整块慢慢分开后，大西洋出现了。地球本来没有大西洋，大西洋出现大概在 1.5 亿年前左右，大西洋现在分离的速度大概一年 8 厘米左右，这个都可以测量出来的。大西洋出现了，这个时候，印度大陆在南半球，澳大利亚跟南极几乎连在一起，非洲跟南美刚刚分开一点点，一些浅海地带出现了，而且持续时间相当长久。浅海非常重要，因为浅海里面有几百万年、几亿年海洋生物沉积，这些地方应该是有石油的，所以这个浅海地区现在大都是产油区。随着地壳慢慢抬升挤压，挤出来阿拉伯半岛、伊朗等，这些都是出产石油的地方。我们这里本来也应该出产石油，但印度板块来了一挤，一下子挤垮了，挤出来个青藏高原。现在唯一可能有石油的地方就是南海。大家现在讲南海有石油，就是因为这里从前是浅海。在 7000 万年前是这样，到 5000 万年前呢？大西洋慢慢地越来越大，但是南美洲跟北美洲没有连在一起，澳洲也向外移，印度刚刚移到赤道附近，澳洲向外移，这个地方还是浅海，没有海流可以过去。在这个时候，地球上包括南极都是没有冰的。什么时候南极才有冰呢？大概在 3000 万年前。随着澳洲慢慢地远离了原来的地方，Tasmania Path（塔斯马尼亚路径）打开了，澳洲和南极当中有足够的空间可以让海水流经，印度也已经与欧亚大陆接上了。南美洲本来都是浅海,后来深海沟也出来了。这个时候,因为整个海洋都通了,整个环南极都通了,所以形成了绕极流(circumpolar current)。绕极流大得不得了,我们说墨西哥湾流很大,墨西哥湾流流量大概是多少？最强的时候60个斯维尔德鲁普(sverdrup),一个斯维尔德鲁普是10^6立方米/秒,10^6立方米的水,一秒钟流那么多水,是非常大的洋流。墨西哥湾流大概有30～60个斯维尔德鲁普,而这个极地附近是130个斯维尔德鲁普。这个洋流极强大,完全就像一个保护墙一样,将南极的温度、气候完全孤立,又因为太阳照射不到,所以南极就有了冰。所以在3000万年前,南极开始有冰,但当时北极还没有冰。北极什么时候有冰的呢？当大西洋跟太平洋马上要断掉,然后白令海峡也要关掉时,北极周边的北冰洋开始被孤立,北冰洋变得孤立以后开始有冰,差不多要到500万年甚至到300万年前,北极才有冰。所以地球有冰是非常晚的事情。从3000万年前开始有,因为海洋跟陆地的分布状况改变才有这个变化,要不然我们的地球都是很暖和的。

所以说,地球温度变化过程是"有冰了—没有冰了—又有冰了",北半球有冰的地方距今不到500万年,所以地球真正有冰是非常晚的事情。那么整个地球的温度在最近500万年左右,就是北极也有冰以后,是这样改变的:整个平均温度一直在下降,我们现在处在温度变化的大起伏线上,大的上升、下降,每一个上升跟每一个下降间隔,每一个下降处就是一个冰河期,我们现在正好在这个冰河期的间冰期,处在最冷的时期中最暖的时候。我们现在已经对间冰期的温度了解得非常准确。科学家到南极去挖了一个冰芯,就是把地下3000米的冰芯样本取出来,然后对冰芯里面的气泡一个一个进行分析,把当时结冰时候的水里面的氢气同位数拿去。回算温度发现,过去100万年左右,温度就是这样上上下下起伏的。每一个上下起伏,就是一个冰河期,每个间冰期跟冰河期之间的时间段非常短,而其中大部分的时间是冷的。而进冰河期跟出冰河期是完全不对称的,进入冰河期时,气候慢慢变冷,这需要很久的时间,因为气候变冷,要把整个海都变凉,它才会结冰；但是从冰河出来却是非常快的,表面一热的话,它马上就出了冰河期。所以这是完全不对称的,而这都是海洋造成的。

地球为什么会有冰河期呢？是不是冰河期真的像阿伦尼斯讲的,是二氧化碳造成的？并非如此。我们做的数据分析中的确有二氧化碳,但是二氧化碳的变化都是滞后于温度变化的,而不是领先温度,滞后时间也不多,500多年。冰河期每一个周期大概是10万年,这个周期是怎么形成的呢？是地球轨道运行造成的。地球轨道是怎么运行的呢？这就要提到一个叫米兰科维奇（Milankovitch）的塞尔维亚人。他是在维也纳念的书,因为我是学土木的,所以我就专门跟他拉上了关系,他也是学土木的。他在维也纳念完土木工程以后,就回到塞尔维亚,但运气很不好,一回到塞尔维亚,第一次世界大战就爆发了。当时因为是塞尔维亚人刺杀了奥匈帝国的皇储弗朗茨·斐迪南大公（Archduke Franz Ferdinand）,所以奥匈帝国发兵把所有塞尔维亚社会的中坚分子全抓起来,一看到他,也抓起来了。后来一查认为,这个人不会太坏,因为他在维也纳念的Ph.D（学术专业博士）,所以对他特别礼遇,并把他关在科学院里面。他就在科学院里面计算地球轨道。他发现,地球轨道有好几个主要的周期。地球绕着太阳转是一个椭圆,这个椭圆的偏心率不是常数,偏心率一直在变,但变化不大。这个椭圆有的时候大一点,有的时候小一点。接下来地球还有一个倾角,地球不是垂直着自转的,而是斜着自转,倾斜度（黄赤交角）23度半。没有这个倾角,就没有四季,我们有四季就是因为地球带着倾角绕太阳自转。这个倾角也在变,每个周期大概4万多年。另外还有一个岁差,这个岁差周期是2.3万年,他把这些都算出来了。算出来以后,他说冰河期就是因为这些因素造成的。大家认为他简直是疯子。他在一个很不起眼的杂志里面,把结果发表了,但没有人知道。直到1975年,科学家到大洋里面去取样,从取出来的沉积物里面发现化石,计算化石里面的氧-16跟氧-18的比例,用这个比例回算出来的气候温度,跟他讲的完全一致。但是,他在1958年就去世了,根本不知道他的学说被人家接受了。

再说南极,南极一直处于结冰状态。所以我刚才讲,这里的温度变化有氧的、有氢的,也有二氧化碳的,但二氧化碳都是滞后于温度变化的,而不是领先于温度。换句话说,二氧化碳是随着温度上升下降而改变的。大家都知道,地球轨道的参数非常重要,所以科学家就想办法,用几个轨道参数拟合出我们现在的温度。当时拟合最好的人是英布里(Imbrie)。英布里说把这几个轨道拟合起来应该是这个样子,这有点像我们现在的温度,但其实差得很远。真正拟合应该像这样拟合(图3),这个深色的线是我们自己做的。其实做这个东西时,也有一位海大的教授陈显尧参与,他跟我一起做的。

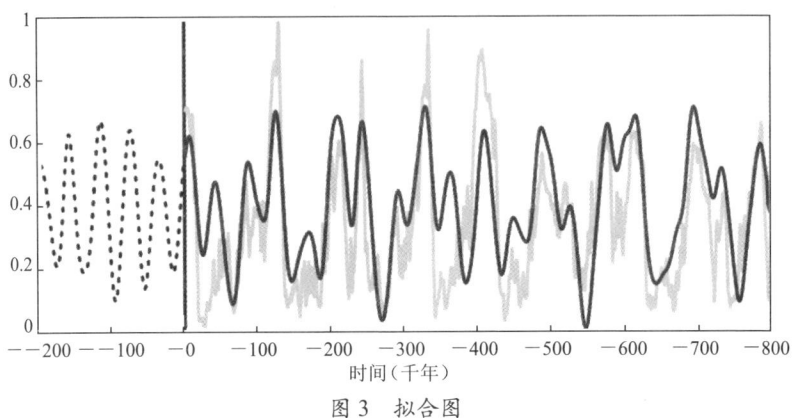

图3 拟合图

我们现在处在地球间冰期。从这个轨道上来看,我们已经慢慢往冰河期里走了,但是进冰河期是非常缓慢的,同时也是一件非常可怕的事。我给大家讲一讲,上一次冰河期,冰覆盖我们地球的面积到底有多大。地球整个阴影(图4)的地方全是被冰覆盖的地方。这个有多严重呢?我们看看,这是华盛顿,我在美国就住在这里,正好住在冰河边上,再往北走全是冰。康奈尔大学以及五

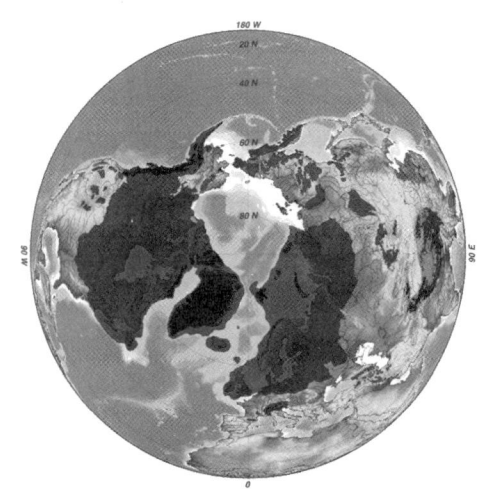

图4 间冰期冰覆地球面积(源自汉尼斯·格罗比/美国制表者协会)

指湖区（Finger Lakes）完全是冰河挖出来的，所以纽约全在冰河里面。整个欧洲也全是一块冰，整个英国都包括在里面，一直到了法国北边全是冰。冰河期影响最大的是大西洋两岸，跟太平洋没什么关系，因为大西洋有墨西哥湾暖流。在冰河期，墨西哥湾暖流向南移，不能向北输送热量，所以整个北极、北欧跟北美全都是一大块冰。冰河期最厉害的时候会到什么地步呢？很多的冰会跑到陆地上来，而冰里面都是水。所以水都移到陆地上，变成固体的冰，这就使海面比现在低130米。这样的话影响就很大，白令海峡完全露出来，台湾跟大陆也完全连在一起，人们走路就可以过去。白令海峡露出来后没有水了，影响也很大，人就可以从非洲出来之后慢慢走，一直就走过去了。所以你到美洲去，用各种手段研究美洲的人类，用DNA也好，用考古学也好，发现没有比2万年早的。2万年前正好是冰河期最冷的时候，所以那个时候美洲最早的人可能都是从这里走过去的。

我们的地球现在是什么情况呢？现在主要是格陵兰岛这一块儿有冰，剩下的就是高原一些地方有冰。我们现在是非常暖和的，处在间冰期。在间冰期里，热不是一件坏事。为什么不是坏事呢？一旦冷了，空气里就不能含有很多水分，会非常干燥，所以在冰河期的时候，沙漠地带就出现了，许多地方会变成沙漠。在冰河期最寒冷的时候，人类真正可以活命的地方并不多，而现在整个地球可以让人活命的地方有很多很多。我认为地球变热大概不会把人毁灭，假如地球真的进入冰河期，那我们就要当心。假如变成这个样子，有哪些地方可以种东西吃呢？很少有地方适合人类生存。所以冰河期是非常可怕的一件事，冷是比热可怕得多的。

用 Milankovitch Scales Dominant（米兰科维奇理论，即从全球尺度上研究日射量与地球气候之间关系的天文理论）研究气候变化，我们的海洋也是很重要的。因为虽然有米兰科维奇周期，但假如没有海洋反转流，问题也很大。除了短期的变化以外，还有长期的，100万年的、250万年的……所以偏心率加在一起，大概可以解释我们现在温度变化的

70%，也就是说长期变化的 70% 都可以用轨道来解释。假如米兰科维奇理论正确的话，接下来的大事件就是下一个冰河期，因为我们在间冰期已经待了 2 万多年了，过去从来没有到 2 万多年的。不过人类可能就有这个能耐，排放二氧化碳，大家开汽车、烧暖气，就可能把我们烧得不再进入冰河期，我希望能够变成这样子。（笑）可是现在大家说要节能减排了，由地球自己演变的话就很难说了。

第三个尺度是 10^4 年，就是 1 万年。这个时候很奇怪，我们很长的记录都可以找到，但 1 万年左右的记录却非常少。大概在过去 1 万年左右，就是我们离开了上一次的冰河期是在 2 万年前左右，在间冰期的这个 1 万年，气候的变化不大，所以也无法知道到底我们这个温度是增是减。所以 IPCC 在它的第四次报告里面就做了一个不是很仔细的时间序列，讲哪些地方到底变冷还是变热，它列了这么一个表（图 5），底下这个轴是时间，这是 2000 年、4000 年、6000 年，到 1.2 年，这是 1 万年左右的。然后这边是纬度，这是时间，变热是变多少呢？大概 0.5 ℃ 到 2 ℃。大家说现在热得不得了了，是有史以来最热的。

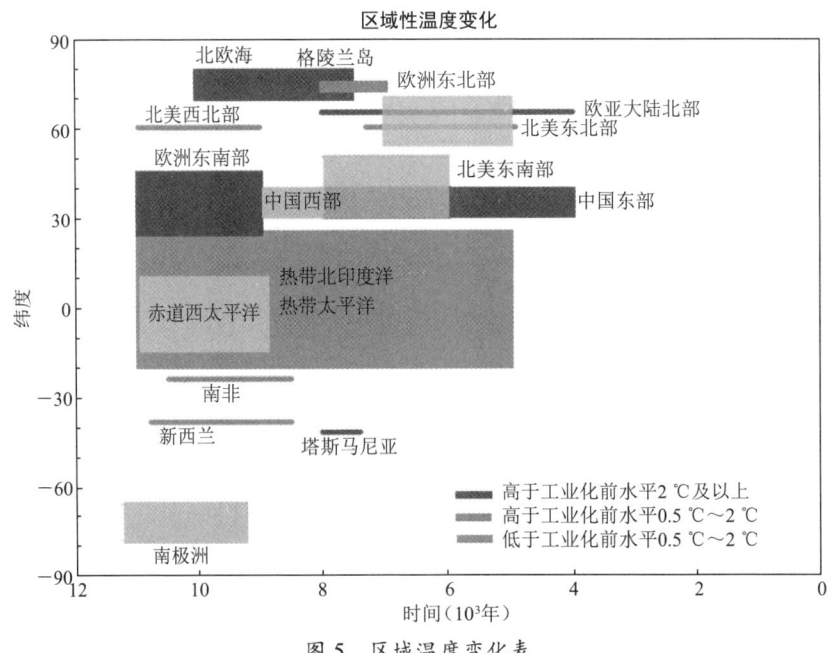

图 5　区域温度变化表

我们看看过去 1 万年里面,有哪些地方是比现在冷的,只有这一块地方,叫热带印度洋(Tropic Indian Ocean)和热带太平洋(Tropic Pacific Ocean),就是说热带的印度洋跟太平洋比现在凉快,这也是从海底的沉积物测算出来的,别的地方都比现在热。比如说中国,当时中国比现在热 2 ℃以上,北美洲也都比现在热 2 ℃以上,所以整个地球在过去 2 万年里面,用这个图表来看大概是比现在热。目前我们也没有数据,假如去看这个数据,有些似是而非,像用树根、用年轮或者什么来做的,出入都很大。我看到这个数据的时候就想,我们至少在 3000 年前左右就开始有关于温度的记录了。怎么记录的呢?就是我们的甲骨文。商代王室用于占卜记事而在龟甲或兽骨上镌刻的文字,用来记录商代社会情况。我们现在考古发现的主要是殷墟甲骨文,反映的是当时生活的实际情况。公元前 1384 年,商王盘庚迁都到殷,也就是到了河南安阳小屯村一带。甲骨文里面有一个符号,在甲骨文里面叫象,现在看画的就是个象,长鼻子、肥身体、小尾巴,这是大象。不但是大象,甲骨文还有这个,叫蒦(音 huo),就是一个手抓一个鸟,现在有点像隻("只"的繁体字),上面一个加"隹"字,底下一个"又","又"就是手的意思。意思是说,我们去打猎,抓到一头象,那么抓到象以后就给祖先去上供了。这些文字记录说明了什么呢?就是说在 3000 年左右,在河南,离我们这里不远,安阳小屯那个地方,大象是常常有的。大家想想,我们现在河南省要有个大象,假如把它放在那里不管,任其自生自灭,它有没有办法活下去呢?大象马上就饿死、冻死了,因为没有那么多东西给它吃,而且冬天它也冷得吃不消。当时河南有大象,而且大象是会被打猎打到的,打到以后也不算稀奇,不会摆在动物园里大家看看,而是把它吃掉了,所以当时的大象是非常普遍的。到汉代,在黄河流域的大象也是不稀罕的。大家听说过曹冲称象的故事,这个大象也不是从非洲进口的。这个大象多少斤呢?大家都没有那么大的秤,曹冲说弄到船上去就可以算出来重量,其实那就是运用了阿基米德原理,不过他不知道罢了。假如大家去四川玩,会发现四川金沙遗址博物馆地上全是象牙。那里的大象也不是进口的,是当地的。所以汉代以后,在长江流域、黄河流域还有大象生存。现在大象没有了,到哪儿去了?中国国土唯一有大象的就是西双版纳,快到缅甸了。那里才有大象。这说明当时的温度不是在变热的,假如变热的话,大象应该慢慢到东北去了,但现在大象是往南移了。所以从中国来看,从甲骨文的记录来看,当然那时候没有温度计,我们不知道到底热多少度,但是那里有大象,就说明那个时候至少河南的天气比现在暖和得多。

第四个尺度是 10^2 年,就是 100 年。我们再看看最近 100 年的气候变化。这个时候的气候是非常准确的,因为有了温度计。从 1856 年一直到现在,一开始全世界温度计的分布是非常不均匀的,所以有些地方的气温记录比较模糊,有些地方的记录就比较清楚。IPCC 找到这个记录以后,就来画温度增加的趋势,画了好几道线(图 6)。第一道线是把全部的数据拿来画的,是这条红线,它说这个红线是温度在增加。我们假如不画头 150 年,画 100 年,从这里再画,画一条直线,这个斜率比那 100 年的还要高。我不要画 100 年,画 50 年更高,画 25 年比 50 年还高。所以画完了以后,他们非常高兴,得到这么一个结论"for shorter recent periods, the slope is greater,

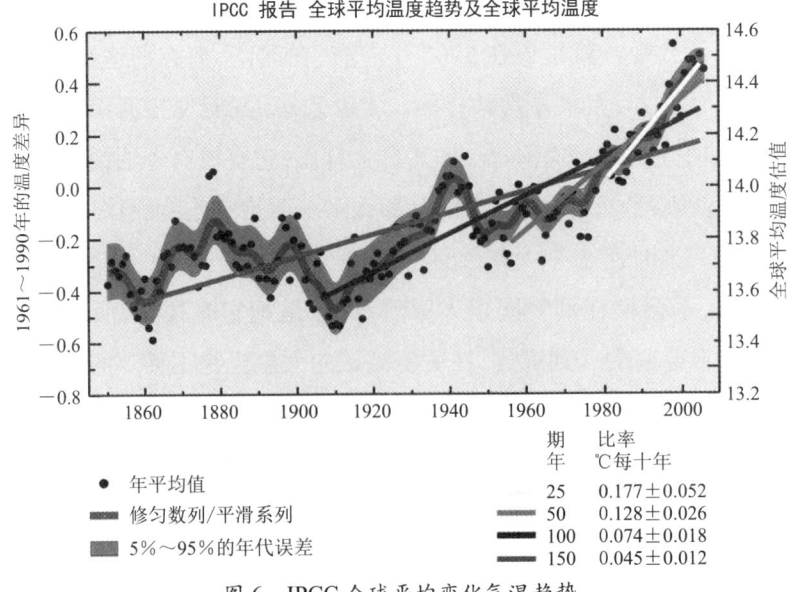

图 6　IPCC 全球平均变化气温趋势

indicating accelerated warming"（对于较短的最近时期，坡度的增大，表明变暖的加速），就是说变暖趋势是越到近期越热得厉害。我看过这个图，因为我是搞数据的，其实正是由于这张图，才让我开始关注全球暖化的问题。假如你在这里画 25 年的温度变化，我在那里画 25 年的温度变化，会是怎么样呢？我每个地方都画 25 年的话，那变成什么样子呢？

所以我就开始研究这个问题。我发现他们所谓的趋势，其实没有一个人真正知道这个趋势是怎么定义的。于是我们就写了一篇论文，在英国皇家学会先发表，但是没有人理睬。我又到美国科学院发表，也没有人理睬，大家还是喜欢画这条直线。但我坚持认为，这个趋势不是一条直线，绝对不是直线，假如是直线的话，就表示整个的物理机制是线性的。怎么知道这个气候一定是线性的呢？这个趋势到底怎么回事呢？所以我就去寻找这个趋势。我发现现在做趋势做得最多的人是学经济的，因为学经济的人要知道趋势，他要赚钱，市场走向是最要紧的。比如说在谷歌、百度，你去搜索一下趋势，看会有多少条结果。我在谷歌一搜索，大概能搜出来几千万条。当然我没有时间每条都看，看了几条全是搞经济的。于是我就留意搞经济学的人是怎么来谈这个趋势的，去买了一本恩格尔和格兰杰（Engle and Granger）的书，它叫《长期经济关系》，剑桥大学出版社出版。之所以买他们的书，是因为他们两个都得过诺贝尔奖，得过诺贝尔奖人的观点大概是不会有错的。但拿来一看却让我大吃一惊，它里面讲到为什么一个经济学家的趋势是另外一个经济学家的周期，趋势跟周期都没有搞通，所以有金融海啸之类的危机大家也用不着很吃惊，因为没有人搞通嘛。所以我看了以后，就想起我们孔老夫子 2500 年前就猜到的一件事，就是"名不正则言不顺，言不顺则事不成"。这个"名"在这里可以当定义讲，假如连这个定义都搞不通，话也就讲不通了，再去讨论就都没有意义了。你讲你的周期，我讲我的趋势，两个绝对讲不通。所以"名不正则言不顺"，话都讲不通了，事情肯定难办成。我认为整个气候的趋势，现在的解释方法是不对的。既然方法不对，我就给趋势下了一个定义——在 1998 年跟 2007 年两篇论文里面讲趋势的时候，我说趋势是一个不变周期，它应该是单调方程，一直增或者一直减。如果是又增又减的话，那就是周期了，所以有两个极大值就是周期。趋势绝对不是画直线可以决定的，趋势必须把周期一个一个移除，把周期都移除以后，剩下的就是趋势。怎么样移除周期呢？我用HHT来做这件事情。我们就把现在这个数据拿来用，这个数据是有点趋势的，因为这是非平稳的数据，找平均值没有意义。但是能找到一个AMO，AMO叫Atlantic Multi-decadal Oscillation，就是大西洋的多年代际尺度的改变，这个周期跟地球温度的周期结果差不多。我们假如把地球的温度细分的话，分出来的趋势是这样的：它不是直线，但是这个趋势之上有一个周期，实际上可分为长尺度、短尺度，一个一个的尺度都可以分得非常清楚，所以地球温度跟海洋温度是一样的，地球长尺度的变化，必须是跟着海洋走的。假如我们不照着他们的办法画，而是把每个地方都画一个25年的变化，然后一个点、一个点地去找它的改变率，就会发现这个趋势其实在某个地方是正的，某个地方是负的，某个地方又是正的。所以照25年去找，每一个地方画一个25年周期的话，它那个周期不是全增的，是有减有增的。这个周期也就是70年的周期，跟我们找的大西洋多年代际是一致的。假如我们把这个趋势跟多年代际摆在一起的话，结论就出来了。我们的温度有没有增加呢？当然有增加，我不是说地球没有变暖，地球是在变暖。但是变暖之外呢？还有一个70年的周期，这个70年的周期现在是没有人可以解析的。现在还没有人可以做出70年周期的模型。当我做出这个结果以后，知道没有办法发表，因为一讲地球变暖有个70年的周期，而不是一直在增温的话，主流派马上就把我这个论文否掉了。我做文章也是比较"势利"的，就去找他们，问他们气候专家同行里面哪一个是大头。大家说迈克尔·华莱士（Michael Wallace）是大头，所以我就去找迈克尔·华莱士。其实我并不认识他，后来我去找了他，把我的观点给他看。他一看就说，你做出这个蛮好的，但我不完全相信，我们也来做一做。于是迈克尔·华莱士就找自己的学生去做，结果发现多年代际的的确确出现在这里。所以迈克尔·华莱士跟我和吴兆华一起写了一篇论文，把这件事情说出来，结果没有人理，因为这个结论跟地球变暖的调子完全不同。我们不但把全部的周期找出来，而且还找到这个是趋势。我们发现多年代际，多于多年代际的波动一点杂音都没有，全都是受厄尔尼诺（El Nino）的影响。所以海洋对地球温度的影响是非常大的。若要想预报将来的气候，不把海洋的模式做好，是没有希望的。这个希望在哪里呢？这个希望就在你们海洋大学！这是你们的责任所在，一定要把这个做好。我先谢谢你们！

我们现在的确有一个多年代际的周期，这个趋势跟多年代际加起来就是 IPCC 所讲的。但是假如把多年代际拿掉，只看那个趋势的话，那个趋势只有 IPCC 讲的一半那么大。除此之外，我还要回过头来再跟大家讲一讲二氧化碳对气温的影响。二氧化碳造成温度的增加是对数关系的。现在地球变得这么暖，以至于现在一开会，不管奥巴马也好，哪个高级官员也好，他们只要到中国来，首先就说你们人权有问题，其次就说中国排放的二氧化碳太多，要追究责任。中国要负多大的责任呢？这是一个非常重要的问题。这个问题应该这么看，假如它是对数关系的话，先排放二氧化碳的人责任就大多了。我从 100 变成 200 是加一倍，我再取对数的话，200 变 300 的话就不是一倍的问题了，所以一取对数，比例马上就下来了。看对数的二氧化碳比例的话，300 的对数跟 400 的对数是差不多的。所以假如要跟他们谈，应该把这件事情搞清楚。这件事情不搞清楚，他们就会说中国现在排碳太多，所以要负责，事实上不是这样的。你烧煤、烧油都把这个地球烧得黢黑了，现在我们刚开始烧一点，就说是我们的责任。你烧了 100 年了，我们才开始烧，对不对？当然，我们也可以照你们这样，现在去烧天然气，但是天然气比煤贵得多了，发一度电贵三倍都不止。所以我们国家还处在发展中阶段，还有一些国家根本就没有发展，假如让它一开始就不烧煤，根本没有可能。现在世界上有 16 亿的人没有电，特别是在非洲，大多数人用不上电。一开始不让他们烧煤，就跟着西方发达国家用天然气发电，这是不可能的，没有那么多钱。西方说我们给你钱，一年给多少钱？给 1000 亿美元。1000 亿美元实际上是很多了，1000亿！过去的《京都议定书》里面已经讲了，给1000亿美元。但是《京都议定书》美国签不签？美国不签，他们不想拿钱。前不久，美国总统奥巴马推动签署了《巴黎协定》，但他会拿钱吗？我相信他也不会拿钱，不可能。因为拿钱不是总统说了算，要国会通过，国会是绝对不会通过的。即使国会通过了，往最好处想，美国和欧洲同意出资，资金仍不敷使用。不用说别的国家，单说印度，有10亿人口，一个人一年也只能分100块钱，这点儿钱是不可能够用的。大家开汽车，一年花多少汽油费？所以说，1000亿美元根本不够，这个问题非常大。

地球温度变化除趋势之外，是不是还有一个周期呢？我认为的确是有个周期。我们再回顾一下这个图（图7），这个周期这样上来下去，到了某个地方变成平的了。峰值变平跟我们过去10年里面说的地球的温度不再创纪录是完全吻合的。大家也注意到了这个现象。这个现象叫停滞（hiatus），就是地球升温突然停止，这将是一个很大的事件。过去在2000年以前，谈到气温变化，世界各地每年的报纸很好办，用不着改别的，词儿都不需要变，改个日期就行了，"今年温度又创纪录""今年温度又创纪录"……每一年温度都创纪录。但2000年以后不再"创纪录"了，所以有人就很着急，怎么不创纪录了？"这让人感到很奇怪"，他们的邮

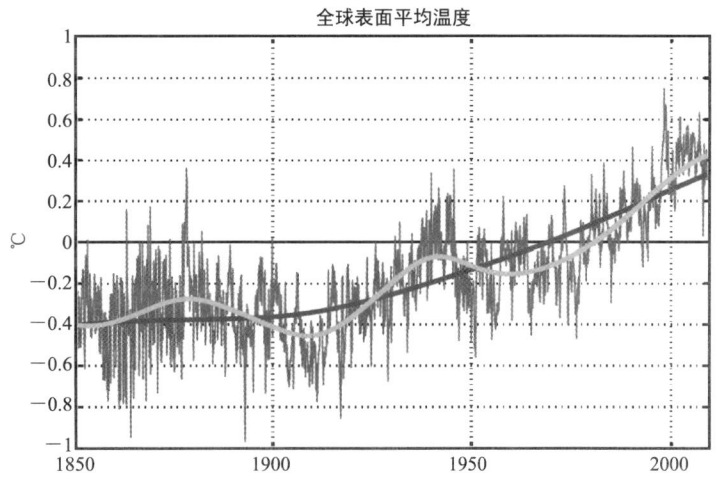

图7　吴，黄，华莱士，陈（2011）：65年来北大西洋年代际振荡模式

件里面都在讨论这个话题,后来被人家翻了出来。为把这个事情搞清楚,3年前中国工程院委托我举办一个世界论坛讨论升温停滞(discuss hiatus)现象,探讨气候变暖为何会突然停下来。我把全世界比较有名的气象学家都请到北京来开会,但是许多人仍无法解释说明。不过,他们也不愿承认有70年的周期,假如不承认70年的周期的话,就无法解释升温停滞的现象。当然,他们可以不承认,就照他们的理论讲,地球的温度一直在上升,但现在他们的模式已经越来越不对了。再过几年,他们必须承认这个事实,也就是说我们的确在趋势之外,还有一个周期。

我们现在分析一下,什么因素可以让气候发生变化。温室气体只是其中的一个因素,在所有因素的里面,一个最大的未知数是海洋,而这个因素还没有被认真列入。若不列入海洋因素根本不可能去谈全球气候变化这个问题。许多人现在的文章全聚焦在二氧化碳,为什么会这样呢?剖析二氧化碳最厉害的是欧洲国家。欧洲国家老早就注意到二氧化碳,所以他们希望拿二氧化碳来做买卖,你多排放二氧化碳,我就多跟你征点税什么的。川博斯(Trenberth)是做地球辐射最有名的人,1997年以前所有做辐射的全找他。从2009年的数据(图8)看,里面没有一个是少于1.5的,就是我们对整个辐射的进账出账了解得不是那么清楚,其中不确定的因素非常多。现在大家把这些数据弄好了之后,又出来一个最不确定的因素,就是气溶胶(aerosol)。气溶胶可以变冷也可以变热,但是它没有数据,所以就变成非常大的一个不确定因素。我跟迈克尔·华莱士谈,他说科学家应该知道自己的局限,就是我们的能力到底有多少。我们科学家犯不犯错误?犯了很多错误,错误大得不得了。比如早先说地球是平的,谁敢说地球不是平的?你出去一看地球都是平的。凡是说地球不平的。那就是非主流派,要被打压一下子。数千年来,大家认为地球是宇宙的中心,一直到人家发现说不对劲了,地球不是宇宙中心,现在就改口了。现在又有坚持全球暖化论的人说二氧化碳是最重要的,只要不烧炭的话问题就解决了。但事实却不是这样,不烧炭不但没有解决问题,反而有可能使我们更快进入冰河期。这反而是一个大的灾难。

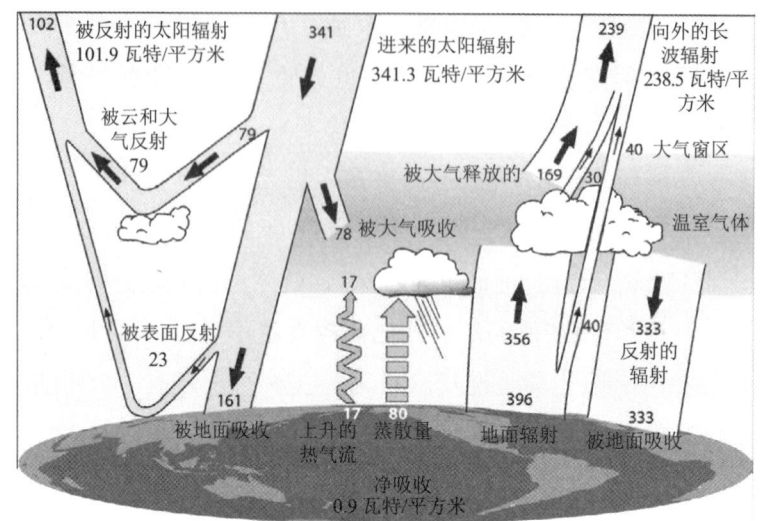

图 8　辐射平衡图（特伦伯恩,法苏鲁和基尔 2009）

地球的未来怎么样呢？我对未来不是特别乐观。因为现在大家都被那些坚持地球暖化论调的人搞得非常混乱,所以我希望各位对未来要好好思索。我看过关于未来讲得最好的一本书叫《自然威胁与非自然灾难》(*Natural Hazards and Unnatural Disasters*),这是 2010 年联合国跟世界银行出的一本书。这本书的题目很好,它说自然的灾害跟非自然的灾难(disaster)、威胁(hazard)都是有可能发生的,比如说山上有个大石头,它不滚下来时是威胁,有可能造成灾难后果;假如它滚下来砸到头上,那就是灾难;假如滚下来掉到沟里去了,则没有问题。这里面我最欣赏的是这句话,它说地震、干旱、洪水都是自然威胁,是天灾,但是"the unnatural disasters are deaths and damages that result from human acts of omission or commission"——造成天灾的都是人祸,有的时候是你应该注意的没注意,或者是不该做的事做多了。

这儿有个很现成的例子。印度今年正好是 1886 年大饥荒 150 周年。印度这个大饥荒饿死大概 100 多万将近 200 万人,一两百万人饿死过去在中国也是常有的。但这是在印度,印度不应该有这种饥荒。我们看看印度,全世界的 GDP 历史(图 9),从纪元零年、一年,一直到现在。过去历史上的GDP,哪一个国家是全世界第一呢？印度一直是全世界最大的经济国,只有在很短的期间被中国追上,但是印度很快又追回来。在公元1600年左右,这是明末清初的时候,印度变小了,以后突然不见了,这是怎么回事？当时是被英国接管了。因为英国是工业革命起家,而印度本来的经济是小农经济,主要加工业是纺纱。甘地最后不是走到哪里都带一个纺棉车嘛,印度就是纺棉的。大家吃不很好,但是也不很坏。英国接管印度以后,不让印度人民干纺纱业及种粮食,只能买英国的布及种植烟草等经济作物,因此将印度整个经济都搞垮了。印度饥荒最厉害的时候,英国从印度输送2亿斤大米到英国去,给英国人吃。印度大饥荒怎么办？ 1866年时兴马尔萨斯人口论,英国人说根据马尔萨斯人口论,印度人口过多,让他饿死掉几个就对了,所以根本不去救灾。英国当时除了不对印度救灾,也不愿对爱尔兰伸出援手。爱尔兰在1845年及1850年期间,也饿死了上百万人,而这些导致大量死亡人数的原因在于英国不积极救灾,所以说这是人祸。

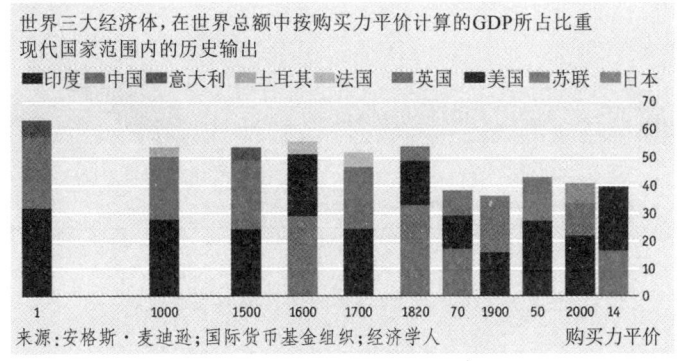

图9　历史上的三大经济体

现在一讲灾难都是讲全球暖化。我给大家举一个例子,用实际的数据看看全球暖化是不是灾难。全世界人口从1900年的16.5亿,到现在已超过了70亿,人口在不断增加。统计出来的灾难记录也一直在增加(图10)。这个统计数据是保险公司报告的,比如这里的房子坏了,那里的人受伤了等,都包括进去了。温度也在增加,人口也在增加。人口增加,灾难一定多,照理说死的人也应该增加,可是死亡人数从1900年到现在并不是一路上升的,因为经济发展了。可是像200万、300万、350万、400万人,这种死亡人数的大增长都发生在中国,是因为中国的黄河决口、中国的华北大旱等等。那个时候气候有没有暖化呢?没有,那个时候凉快得很。显然,灾难不是因为全球暖化造成的。照理说,全球暖化带来的灾难是什么?大家会说全球暖化后,热带病一定会增加很多。到现在为止,世界上热带病死人最多的应该是疟疾,但这个疟疾的数据,一直在下降,唯一不下降的地方是非洲的撒哈拉南部一带,那是全世界最穷的地方。所以,不要去相信全球暖化会带来世界的毁灭,不发展经济才是有毁灭性的。

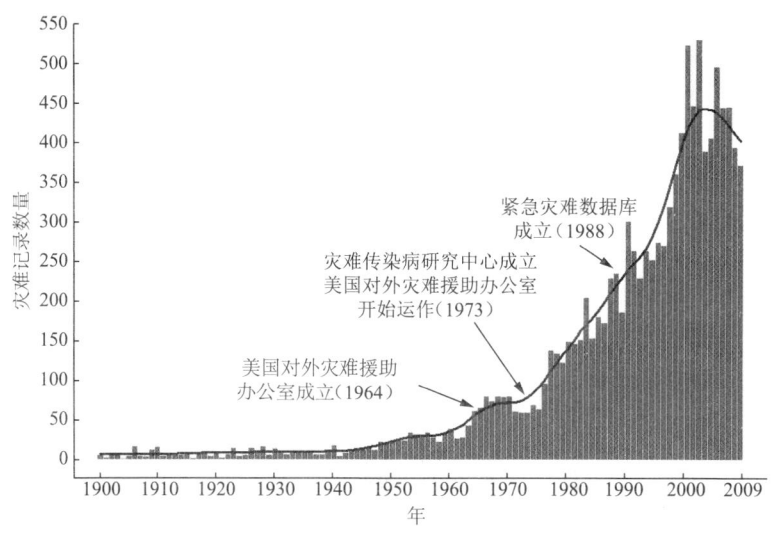

图10　1900～2009年的世界灾难报告统计

我一直在讲,中国不能跟他们保持同一个论调,一定要把经济发展好,才能保障老百姓的生活,才能保障社会的福利,而不是说全球不暖化就行了,不是这样的。跟着西方发达国家不烧油,我们的经济不发展,谁管你的生活?没有人管你的。图11是整个经济发展跟二氧化碳排放的关系,每个国家都是从这里一直烧上去。美国是这条黑线,美国从一八六几年就一直在烧炭,烧到1900年左右开始下降了。因为原来用的是蒸汽机,后来变成内燃机,汽油比煤排放的碳含量稍微少一点。所

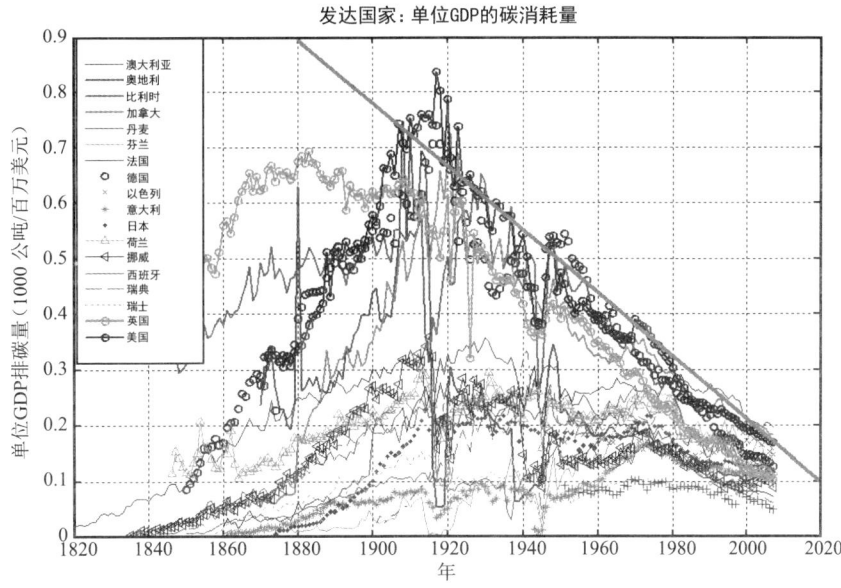

图 11　经济与二氧化碳排放关系图

以发达国家现在统统降下来了，单位 GDP 二氧化碳排放量的确比我们少。而我们也正在慢慢往发达国家走，应该要保持经济发展的道路，不要去听他们乱讲。真的进了冰河期，我们也还可以对付。但我们是不是就应该不管全球暖化了呢？不是，温度本身不是最了不起的。我们要管的是整个环境，环境污染是不行的。环境污染了，温度不增加，你也会生病，会得肺病之类的。所以，我们一定要注意保护环境。温度只是环境当中的一小部分，不是全部。但现在看报纸，很多人已把温度看成唯一需要关注的事情了。其实环境公约是最要紧的，大家现在都已慢慢注意到了这个问题。一些城市一天到晚是雾霾，这就不得了。最近北京好像好一点了，但是我们必须注意环境，不只是空气、水，所有环境因素都应该注意。这是为了可持续发展，我们必须要有持续发展的可能，不能说这一代人把所有资源都用掉。这一点最值得学习的是挪威。我最近去了几次挪威，发现挪威这个国家不富，但也绝对不穷。它是北欧最大的一个产油国，因为北海里面有丰富的油田、气田。本来油田是丹麦的，因为北海曾是丹麦的领海。但由于领海常出海难需要救援，丹麦后来索性舍弃由挪威接管。而当时挪威并不知道下面贮藏石油。后来发现有石油，挪威就发大财了。但是挪威发了财，并不是像我们大家认为的就来大举烧汽油、柴油。我在那边看挪威的汽油价格，大概是国内的3倍。一升大概十六七块挪威克朗，一挪威克朗大概顶人民币将近一元，汇率几乎是1∶1。我不知道国内油价现在多少钱。6块钱？那便宜了。挪威那边是十六七块，有的时候要18块钱。挪威把卖油所得的钱放在一个基金里面，意即我们这一辈子不能把资源用罄。所以说，可持续性发展要有代际的质量，必须在经济、环境跟社会的质量里面找到一个平衡。在一代人里面，我们的社会跟经济发展要均衡，要留一个好的环境，而不是到处留下污染，不能说我们的日子过好了就行了，最后等到日子过得不错了，我们再讲生活质量。所以这是我们应该注意到的。

至于将来气候变化怎么样呢？我们要想办法去适应，需要一边发展经济，一边保护环境，不要把环境弄得太坏，也不要说只是因为担心气候暖化而不去烧煤。我们可以努力去找各种其他的应对办法，但是经济发展是必需的。我认为适应不只是物质上的，甚至于心灵上也要去适应。心灵上我最佩服的就是陶渊明，陶渊明有一首诗，"结庐在人境，而无车马喧。问君何能尔？心远地自偏"。我心里面感觉到远就行了，假如大家能够做到这一步，也是跟社会融洽相处的一个最简单的办法。

对于全球气候暖化问题，大家吵得一塌糊涂。美国虽然一天到晚在讲全球暖化，但美国的国会非常保守，它不会通过什么协定的。所以说，全球暖化现在已经不是科学问题了，而是变成政治问题、经济问题了，搞不好还会变成社会问题，再不济最后就变成宗教问题。对于全球暖化，希望大家听我讲了这些后，心里面会有一个谱，就是我们的气候到现在这个地步是怎么回事。我们是不是处在有史以来最热的时候？我们不是，我们的气候一直在变。气候变化有自然的原因，也有人为的原因，最近150年我们的温度增加了0.8 ℃，在整个的变化周期里面，大概跟自然的变化是一样的。这是很大的一个变化，我们要从科学上把它搞清楚，然后才可以有应对的办法。不过我认为，假如防止全球变暖是为了避免灾害的话,发展经济是最好的办法,而不是说不去烧煤、烧油。

好,谢谢大家!

互动环节

提问:非常感谢!黄先生,你好,我有两个问题。一个是关于二氧化碳的,您刚刚说在很长的时间尺度上,它滞后于温度的变化,但是二氧化碳可以引起温度的上升,不知道您怎么看这两者之间的关系?第二个问题是,您说冰河期的时候 AMO 减弱,冰河期的时候其实 AMO 要比现在强的,只不过在当时,我的理解是地球接收的绝对热量可能是少的,所以传出的热量也小。

黄锷:第一个问题,二氧化碳能够使地球的温度上升,这是因为温室效应影响反射地球的辐射,所以二氧化碳是可以使温度增加的,这个大概是对的。至于冰河期,反转流是会变的,那么是不是在冰河期我们整个地球进来的热量改变了?我想不会。地球接受的能量全是从太阳来的,有了二氧化碳,可以多存一点热量,没有二氧化碳则少存点热量。冰河期是不是太阳辐射改变造成的?太阳辐射是有起伏的,比如说现在太阳有黑子,每年黑子改变,从 1370 到 1371,大概千分之一,1/1300,这个不至于造成冰河期。

提问:刚才听主持人介绍,您的学科背景是土木工程,但是您今天的报告实际上是全球暖化,讲了一个气象的问题,我的学科背景也是气象,但是您报告里很多内容涉及人文科学、历史、地理,还有全球变化的一些问题。我的问题是能不能利用这个机会,给我们在校的同学讲讲,您是怎么样从一个完全理科的思维,变成这么广阔的一个思维?我觉得可能对于我们在座的同学很有帮助和启发,谢谢!

黄锷:谢谢。我的背景其实也不是理科,我的背景有点乱七八糟。(笑)我从小有这么一个习惯,就是遇见一个问题,非要刨根问底。像全球暖化的问题,本来这不是我的研究课题,但这个暖化的结论从哪里来的呢？我很好奇，我第一个看见它的数据分析方法就不对，因为我是最近二三十年都在做数据分析。我认为它的方法不对，所以就从数据方法分析，得到了不同的结论。为什么有这个结论呢？所以我就去学，去找答案，去弄清到底怎么回事。所有这些，我虽然从前是做海洋的，但只是做海洋表面，研究波浪跟海气交互作用，大尺度的我很少研究。那么为了这个事情，我就去看大尺度的书或者论文。看完了以后，我还有一个办法是什么呢？就是不怕发问，也不怕丢脸。我做好了结果，跟主流派意见不一样，那就要找一个明白人去问一问，所以就问他们气候问题专家的同行。谁比较最权威？大家就告诉我去找迈克尔·华莱士。所以我希望同学们遇见一个问题，不找到你满意的答案之前不放手，不管它是什么东西。譬如说像甲骨文，我不是学文的，甲骨文跟我没关系。我那个时候要教我小孩中文，就想中文用《说文解字》这个办法——六书的办法最好了，象形、指事、形声、会意、转注、假借，所以象形字跟甲骨文最有关系了。我当时还没有想到学甲骨文，只是想看《说文解字》，就买了许慎的书来看。可是我发现许慎根本不知道甲骨文，他也不知道金文。我认为文字的源头绝对不是这个，所以就顺着这个源头一直找下去，就找到了甲骨文，结果花了6年学甲骨文，笔记做了6大本。到最后我的笔记做好了，女儿已经大学毕业了，（笑）所以我也不用教她了。但是我下的这个工夫，回想起来还是觉得值得的。所以任何一个问题，只要你们发现它，不管是理科、工科的，都可以用自己的能力去钻研，不一定变成专家，至少可以达到一定的水平。谢谢！

提问：黄院士您好！我个人有一点反全球化的倾向。我之前听到一个观点是说全球气候实际温暖得多，只是人类没有关注它的环境问题。我想问的是像哥本哈根会议，像《京都议定书》这样的协议，如果起作用的话，和您的学说是不是就矛盾了呢？如果这些协议、这些议定书没有起作用的话，那么这又有什么意义呢？难道仅仅是一种政治博弈吗？谢谢！

黄锷：《京都议定书》也好，《哥本哈根协议》也好，现在的《巴黎协定》也好，政治博弈的成分不小。那么是不是有人真的关心全球暖化呢？你们自己可以判断，全球暖化是不是一个最关键的问题。再增温 2 ℃，是不是我们的世界末日？因为台湾地区有一个节目叫《±2 ℃》，是一个记者做的。这个记者（陈文茜）影响力非常大，这个纪录片就拿到各个学校去放。放了以后，好多中小学生看完以后回家睡不着觉。增了 2 ℃ 以后是世界末日？包括李远哲也站出来讲，假如是增加 2 ℃ 的话，人类就不会存在了。我完全不相信！因为地球假如再增 2 ℃ 的话，并不是说增了 2 ℃ 就跟现在这个样子一样，不是的，一定会造成错位，就是有的地方变干了，或者有的地方变得特别湿了，这都有可能。但是对整个地球来讲，不会是一个灾难。

那么《京都议定书》或者是《巴黎协定》，会不会实行？或者假如不实行的话会怎么样？我想都没问题。实行了很好，我们大家少烧点炭也很好。我刚才展示了中国烧炭记录，中国也慢慢走向发达国家的轨迹上去了。政府每一次接受的条件都不是减不减碳，而是减碳的强度，就是增加一个单位 GDP 用的碳少了，这个是可以接受的，这个也是应该的。但是我们完全不烧炭，我认为不应该接受。巴黎的这个协定会不会破局？破局的概率非常大。为什么这么说？就是因为你现在去看所有共和党里面的这些人，没有一个人承认增温是问题的。所以你让他花钱去禁止烧炭，不可能通过的。共和党在国会里面是占多数的，要美国出钱让国会通过，是多半不可能的。就跟《京都议定书》一样，美国根本连字都不会签。当然，这也不是世界末日，大家都会慢慢注意到这件事，像中国也在注意这件事。我认为中国假如注意，不要把重点放在升温降温，要把重点放在环境保护上。我不知道答的是不是你问的。（笑）

提问：黄先生，您好！非常荣幸在这儿听您精彩的报告，我是数学院的老师。我就想问一下跟数学有关系的问题，听钱先生也说，您是一个非常了不起的全才，而且在应用数学领域做出了杰出的贡献，比如说

HHT。我想请教一下,如果从数学的观点来看,一般认为这个世界分成两个世界,一个是现实的世界,一个是数学的世界。从现实世界到数学世界的这样一种转换,从数学观点来看就是数学建模。从您的观点来看,现实世界跟数学世界这两者之间,如果通过数学建模作为一个映射的话,是不是一一对应的?就是说现实世界的问题是否一定能在数学世界里面找到解答?反过来,数学世界里面每一个数学理论所得到的结果也好,公式也好,定理也好,是不是在现实世界都能找到相应的这样一个背景?如果是的话,从现实到数学世界,两者都是客观世界,他们之间的联系实际上是通过人的这种比如说逻辑思维,或者说数学能力建立的。那么我想问一下,是否任何的这两者之间的联系,在人类的智力范围里面都可以建立起来?是不是会有一些两者之间的联系,会因为人的逻辑思维或者人的思想方式而得不到最终的解答?谢谢您!

黄锷: 好,谢谢!这个问题也是我一直在思考的问题。你划分得很好,数学跟现实。我的划分是数学跟非数学,数学跟非数学是完全两派的人。数学是完全逻辑的,所以我常常这么讲,学数学的人非常关心什么是对的,什么是不对的,但是他对什么是真理没有足够的关心。(笑)就是说什么是真,这个逻辑是真的或者逻辑不真,他非常注意,但是到底这件事情是黑是白,他根本不注意。我给你举个例子,两条线平行不相交,你问学数学的到底相交不相交,他说,"我不知道,相交的话,你就去看非欧几何,不相交就看平面几何",都是很好的几何,对不对?你问他相不相交,他不采取立场。但是现实的人对它相交不相交,是要采取立场的。数学的建模是一个必要的手段,我觉得我们应该有一个认识,是什么呢?它只是一个手段。这个模式多好跟模式里面摆进多少东西,摆进多少现实的参数是非常有关系的。那么这个现实参数哪里来的呢?是物理来的。我们现在对气候的物理,就是对全球气候的物理是不是都了解了?我觉得差得远。最简单的一个事情,我就是举海洋为例了。长尺度的变化只有在海洋里面,但是海洋的模式差得远。每一次大家的评论,都是告诉我们海洋模式差得远,但是没有人管。但IPCC每隔四五年就有一个报告,每个报告都是建模,而且这个建模是全世界最好的实验室。流体力学实验室(JFDL)、美国大气研究中心(NCAR),大家都来建模。这个模式里面的参数都是自己在那儿调的。现在模式的好坏就变成大家调参数的结果,而这个参数一直在变。假如你从 IPCC 报告看,从第一次报告到第二次报告,再到第三次报告,里面的物理参数改变了不知道多少次,但结果都一样。为什么都一样呢? 结果都是 ±2 ℃。几十年下来结果没有变,而模式在变,为什么? 大家在那儿调参数,统统在往那个范围里面调。我当然非常尊重他们的工作,但是我对他们的结果,是持有非常健康的怀疑态度。(笑)

那么至于说是不是数学里面的真理都可以在现实世界找到? 可能是,也可能不是。其实数学的根源是从定义来的,所以你说数学是完全客观的,我觉得也不是。你这个定义可能稍微主观一点,也可以发展出来一个很好的数学,对不对? 一旦有了定义、有了公理,你不会证明的东西可能就把它变成公理,会证明的去证,结果发展出来一套非常完整的数学体系,但那个是不是跟我们的现实完全一致,我不知道。现在一个非常有趣的问题就是,我们的世界到底是由基本粒子(elementary particle)组成,还是由弦理论(string theory)作用,现在有争议了,在物理界也算是蛮大的争议。因为现在好的物理系招的新人好像都是弦理论的支持者,所以做粒子物理学的人就开始说,这是物理界的一个危机,就是说你这些人都去学弦理论,弦理论到底对不对? 世界有 11 个维度(eleven dimension),到底什么意思我们也不知道,以后会不会证明是真的? 我认为天晓得。(笑)对不起,这是我知道的,我知道的就随便讲了。

提问:黄院士,您好! 我想问一个问题,因为我不是一个理科生,所以可能问得有点没头没脑的。我之前看到过,如果说两极冰川融化的话,真的全部都融化的话,地球上会发生什么。虽然今天听您讲座,我觉得这个不太可能发生,短期之内不太可能发生,但是我觉得这个问题还是一个很值得思考的问题。然后在一些科幻的作品里面也有提到,但我觉得他们讲的都不是很科学。

黄锷：（笑）一开始说地球暖化，有这些那些坏处，包括冬天会变暖和或者什么，结果发现都不是非常要紧的事，最后最要紧的是海平面上升，这个的确是一个问题。假如两极冰川都融化了的话，先讲北极，北极融化了一点事都不会有的，因为北极的冰是海冰，海冰融掉以后就变成水了，它就是这么高，影响不会大。影响大的是格陵兰跟南极的冰，假如那些冰都融掉的话，海水会增加一二十米，这是一个大事件。我刚才给大家看的 70 万年前，甚至 1 亿年前的地图，整个的南海是非常大的一个浅海，就是现在的陆地会变浅海。所以我说有断层的问题，就是说我原来住在广州或者原来住在香港，将来是不是还可以住在香港？是不是可以继续住在青岛？这是个问题。但是假如说搬到别的地方去，可不可以有地方搬呢？我想还是有地方搬的。但是，是不是有足够的地方搬，这个要再看看。比如说，我们现在很大的平原都是接近海平面的冲积平原。假如海水一增加，把中国的黄淮平原、松辽平原全部淹掉了，那这个问题就蛮大了，剩下的都是山头也活不了命。但是你仔细看看整个地球的高度分布，在海平面这里有一个突增，但并不是那么明显。所以我觉得万一地球真的温度增加到南极冰全部融化了，每个地方都变得很暖和，整个西伯利亚、整个加拿大都变成可以耕作的土地，大概支撑现在的人口还可以，人口数量不要继续再增下去就行。

提问：现在有很多的说法就是环境污染治理代价特别大，尤其像土壤污染和海洋污染，可逆性都很差。要治理的话，投入的要比发展经济高几十倍，甚至上百倍。对于这个问题就是，我们是不是应该尽量地放缓一点发展经济，哪怕牺牲经济也不为过？

黄锷：不是。牺牲经济是经济不发展，还是经济发展缓一点？我并没有给经济发展定一个速度，经济发展必须要顾虑到环境，就是可持续性的发展。可持续性发展绝对不是说像我们过去发展的模式。你刚才讲的，就是发达国家也好，我们现在也好，的确没有注意到环境。美国也一样,在20世纪初,像匹兹堡也是暗无天日,因为美国的钢铁产业都在匹兹堡一带,所以那边也不得了。那么现在他们意识到了,改变了经济发展模式,考虑到了环境保护。完全不顾环境的发展是不对的,顾了环境的发展一定是不可能吗?我相信也不是的。现在我们环境保护的意识高得多,比如说你建一个工厂跟从前建一个工厂完全不一样,要经过环境评估,从前大概没有。那么有了这个保障的话,我希望能够做到可持续性发展,兼顾环境跟经济。

主持人(陈锐副校长):谢谢黄锷院士特别精彩的演讲!我们也非常感谢黄锷先生的夫人涂必馨老师,她本身就是一位造诣很深的数学家和计算机专家。刚才那位同学提的数学问题,实际上涂老师来回答可能更好一些。我们也非常感谢大家都非常熟悉的行远书院院长钱致榕教授。钱教授是知名的物理学家,同时从事博雅教育多年,在我们学校也成功地开办了行远书院。经过他的努力,我们才可能请到黄锷院士夫妇来学校访问和演讲。请钱老师也跟大家说两句,或长或短都可以。

钱致榕:谢谢主持人,谢谢黄院士!我刚才在底下听讲就想到一个问题,因为我们在行远书院,还有在招生的时候,向全校解释了行远书院的理念。有同学来问什么叫博雅,我想今天黄院士给我们指出来了,第一方面是"博","博"是能够跨时空。明明很简单的一个问题,全球暖化,我们都知道地球不断要升温,要完蛋了。可是黄锷院士本来是学土木的,全球暖化跟他是没关系的。他后来搞流体力学,全球暖化问题好像跟流体力学还是没关系。然后他又搞海洋研究,碰到这个问题后就开始寻根究底。不是从目前来看,而是回推1亿年,在时间上要非常非常广,追根溯源;同时在空间上也非常广,把这个问题当作一个全球问题来看,而不是简单的一个地方性问题。一个"博"就跨了所有的领域,他从应用数学、流体力学、气候气象研究入手,最后发现这是一个政治问题。所以我想这很可能是值得我们好好检讨一下的地方。我们看到一个问题,不要被媒体或者给政治人物牵着鼻子走,应该从头看起,这也就是行远书院博雅教育想做的事。今天我们很担心东西方对立、中美的冲突、南海的问题，真要聊这些的话，我们就要从世界文明史来看，就是五千年来人类文明是怎么发展过来的、东西方文明差异在哪里、怎么会造成今天的一大堆问题等等；同时，看这个小小的南海问题，一定要从全球化的角度去看，从政治、经济、社会各方面角度去看。只有这样看，我们才能得到一个比较安心的、全面的答案。另外，还有一个"雅"。"雅"是一个认真的态度，黄锷院士是注重寻根究底的，这就是认真的态度。即使全世界的人都不同意我的观点，我逻辑推理推下来是这样的话，就还要坚持。慢慢地真相就可以显现出来。

同时我还在想，前几天学校召开了一个通识教育会议，就是希望大家把通识教育做强，增加这方面的知识、常识，这需要花很大的力量。搞通识教育很重要的是发展基础学科，黄锷院士今天用的研究方法不是海洋专业的方法，也不是其他方法，而是数学上非常简单的一个数据分析的方法。我想理工科都知道傅里叶转换，这是一个基本工具。20多年前他发现傅里叶转换解决不了问题，而是要用"希尔伯特－黄变换"理论来解释这个问题。对我来讲，黄院士对我的一个启发就是，数学的确是很有用的。数学不是老师发明出来整学生的工具，而的确是来解决现实的。我相信当初发明傅里叶分析法、HHT分析法的时候，并没有想到解决气候的问题，从逻辑推理研究出来这个工具以后，发现可以用到很广的面上，所以基础学科是非常重要的。尤其是在中国海洋大学，我们基本上是一个理工科的大学，请大家都注重巩固一下基础学科。这会对你们每一位将来50年的生涯有更大的帮助，谢谢大家！谢谢！

黄锷：钱院长，谢谢你！钱院长说我是榜样，我觉得你们应该以钱致榕为榜样。我跟钱致榕是大学同届。不过钱致榕比我年轻，他念书念得比我早，念得比我快，我们是同一年在台大毕业的。钱致榕是学物理的，但他在办学上面也取得了很大的成就。我就讲三件事，第一个，他创办了南京的霍普金斯中心（Hopkins Center），这是专门培训国际关系专业人才的研究中心。据我了解，经过那里培训出来的大使好像已经有好几百人了,外交人员达 3000 多人。第二个,钱致榕是香港科技大学建校时候的副校长,负责规划学校里面的所有硬件、软件、行政系统。第三个,就是在你们这儿建立了行远书院,我觉得你们中国海洋大学真的是很幸运。尤其是你们现在这些学生,有机会进入行远书院学习,是非常好的。我替钱院长做个广告。(笑)

主持人(陈锐副校长):我稍微总结一下,因为今天咱们学生特别多,跟同学们讲几句,与大家一起共勉。

第一,希望大家要有科学、严谨的态度。我觉得从黄院士博大精深的报告中,启发我们在做数据分析时——数据分析是黄锷院士很重要的一个科学研究的手段,要注意,拿这一年的数据,比如说做线性的回归,和拿另外一年数据做的线性回归,这个数据可能是不一样的,把两年加起来再一起回归数据又不一样,所以下结论时要谨慎。

有很多东西,比如说你的横坐标是人寿命的增长,纵坐标如果是污染量逐年的增加,这样的话,它们的相关系数会很高,你得出结论可能就是污染有利于人的健康和寿命增长。所以希望大家做研究下结论的时候一定要慎重。

第二,希望大家要博学。当然,我们很难做到像黄锷院士,像钱致榕先生这样的一种博学。黄院士涉猎面非常广,涉及物理的、化学的,包括甲骨文的、经济的、哲学的,都在里面。作为我们同学来讲,现在至少还受制于学科壁垒的影响,比如说学物理海洋的,可能学海洋生物的机会就会少一些,当然你可以去选这门课,但是毕竟这个机会很少。而我们行远书院的建设,在很大程度上可能就是要解决这样的问题。不管从哪个学科看一个问题,今天黄锷院士也提到了,就像瞎子摸象一样,其实这几个瞎子都很敬业,而且研究成果也是不错的。摸到腿的说像树,摸到身材的说像墙壁,摸到耳朵的像蒲扇,摸到尾巴或者鼻子的说它像一条蛇,实际上都没有错,你要加上定位系统,再把它精确组合一下的话,学科的交融、互相再多了解一下的话,摸到鼻子的,也摸摸耳朵,这样就会对这头大象的认识越来越趋于完整。所以大家不要局限于自己所学的专业或者学科领域，要注重基础知识的学习，博闻强识、博采众长，才能有更好的创新发展。

我举一个可能很多同事都知道的例子，我们的一位老前辈，他是学物理的，就非常希望儿子也学物理。孩子大学就报考了物理专业，北大物理系毕业可以吧？但后来孩子不愿意搞物理，就出国读了MBA，然后回国当律师。他又把律师证考出来了，因为律师是他最喜欢的职业，所以做得非常好，达到了新的职业高度，展示出了明显的不同于学法学专业的理科背景和逻辑思维，这是非常重要的。这也是黄锷院士今天的报告给我们的启发之一。

第三，要敢于质疑。像全球变暖这样的话题，从京都到哥本哈根到巴黎，有很多大的科学家、大的政治家来主持这样的大会。那么怎么还有人要质疑这个事情呢？实际上我们听了以后觉得非常有道理。我举一个自己的例子，非常惭愧，但我也是如实报告。其实20年前IPCC提出这个东西的时候，就已开始进入政治领域了。我记得还很清楚，当时我在日本研究这个东西，把错误的数据去掉，然后做成精美的数据产品，供全球的科学家免费使用。为什么呢？就是让大家一块来研究这个要命的全球变暖问题，等到海水上涨，城市淹没，人类就要完蛋了。那个时候应该说像中国、印度这种国家，自己饭还吃不饱呢，谈不上考虑全球变暖的问题。再一个就像反恐一样，美国这样的发达国家，或者说处于世界领袖地位的国家，才考虑这些事情。大规模杀伤性武器很要命，比如有人要劫持人质，他可能劫持一个人，可能劫持一个教堂，还可能劫持一架飞机，但当恐怖分子能够劫持一座城市、一个国家的时候，社会就乱了。但是谁先考虑这些问题呢？一些发达国家会首先考虑考虑。中国、印度等国家得发展自己的经济，还无暇考虑这些事情。像非洲连饭都吃不饱，更无暇考虑这些。

我也多年不研究课题了，今天再听起来、再拾起来，觉得特别亲切。一是因为我做过这个工作，再就是黄锷先生当时是我们感到非常亲近、非常尊崇的教授,所以觉得听得进去,还觉得非常有道理。我们就是要在任何情况下敢于质疑,不管这个命题有多么大、支持的人有多么多、多么关乎命运,实际上它未必能够成为最重要的。我当时研究的最重要的一个词就是"温室效应"。有了人类活动,就有跟人类活动有关的现象,在这个过程中释放了很多二氧化碳,温室效应就加剧了。但是倒过头来讲,是谁在大量释放二氧化碳呀?就是发展中国家。发展中国家要释放这个东西,因为它要发展自己的经济。这就回到最后一个刚才黄院士讲的问题,我们要保护环境,但是我们不可能不发展。我们经济发展到这个程度,也作为一个负责任的大国,对于二氧化碳进行减排,虽然可能要蒙受巨大损失,但是这和我们治理环境的目标是一致的,所以就签订了这个东西。但是这个东西是不是最要人命的事情呢?未必。不管是二氧化碳在温室气体里是不是最重要的,单说温室气体对人类的威胁,就比恐怖分子的威胁要严重吗?未必。何况从科学的角度看,它是不是像现在所说的正在成为一个威胁也很难讲。再说即使出现这种情况,恐怕人也有对策。海平面如果真上升一二十米,是不是人类就没有办法了呢?也未必。几千万年前,当时的无冰期地球上就没有冰,那时候没有人,但动物都能存活下来。我相信即使进入新的无冰期,也不需要造诺亚方舟。我们肯定有更好的办法,这就是我讲的几点体会。

非常感谢黄锷院士今天给我们带来的这场精彩的报告!我们行远书院的第五次讲座到此为止,让我们再次鼓掌表示感谢!(掌声)